어머니, 그 위대한 이름

| 신광옥의 시대 공감 에세이 ❸ |

어머니,
그 위대한
이름

신
광
옥

베이비부머,
꿈을 이루었다지만 결코 행복하지 않다

　그토록 잘 살기를 열망하며 열심히 살아 드디어 세계 경제순위 10
위에 올랐다고 한다. 하지만 우리나라 행복지수는 138개 나라 중에
90위란다. 수년 전에 방글라데시가 행복지수 1위였던 적도 있었다.
행복지수가 경제순위와 비례하지 않는다는 건 알지만 낮아도 너무
낮다.

　우리나라의 행복지수가 이처럼 낮은 이유는 어려서부터 치열한 입
시 경쟁을 치러야 하고, 대학을 졸업해도 취업이 되지 않으니 결혼이
나 주택문제도 심각한 지경에 이르고 있기 때문이다. 경제 규모가 커

졌다고 해도 각자의 주머니로 들어오는 돈이 적으면 사람들은 오히려 경제부흥에 불만을 쏟아낸다. 다 못살 때가 차라리 더 좋았다며. 국민들은 서로의 얼굴을 바라보며 눈을 부라린다. "도둑질한 돈으로 호의호식하면서 거들먹거리는 꼴이라니. 이놈의 세상 안 망하나?" 나라가 잘 산다지만 내가 가난하면 더 속상하다는 말이다.

인간은 배고픈 것은 참아도 배 아픈 것은 못 참는단다. 모두가 배고플 때는 함께 참아낼 수 있었다. 그러나 국민의 입에서 제 나라가 망해야 한다는 소리가 나오면 위기다. 그래서 가난 때문에 망하는 것이 아니라 가진 것에 대한 시기, 질투로 내분이 일면서 나라가 망한다고 한다.

1997년 우리나라가 국가 부도에 직면하면서 IMF체제에 들어갔을 때 전 세계 사람들은 당연히 올 것이 왔다고 냉소적인 시선으로 바라보았다. 하지만 이후로 IMF를 극복하는 과정에서 세계인들은 대한민국을 다시 평가하게 되었다고 한다. 동북아의 끝자락에 붙은 작은 반도 국가, 그나마도 분단된 나라이지만 세계적인 수준의 철강,

조선, 반도체, 자동차 등의 산업 국가임을 알게 되었다고 한다. 정말 내 나라가 안팎으로 시기 질투를 불러올 만큼 잘사는 모양이다.

그런데 국민의 체감지수는 최악이다. 그래서 이혼율도 자살률도 최상위에 올라있단다. 결국 굶지 않고 살 만하니 비교의식만 커지고 있는 것이다. 더구나 인터넷 강국으로 시시각각 떠오르는 소위 잘나가는 사람들의 기사가 희망을 주기보다는 오히려 절망감을 일으킨다.

경제규모에 관계없이 꾸준히 행복지수가 상위권에 지키는 나라도 있다. 바로 부탄이다. 부탄의 전 국왕, 추크는 1976년에 국민총행복지수(GNH: gross national happiness)를 발표했다. 사회발전은 물질적인 풍요로움이 아니라 정신적인 풍요로움에서 온다고 했다.

다시 말하면 요즈음 우리나라 통치자처럼 전 국민을 잘살게 해준다는 물질적인 풍요가 아니라 정신의 가치에 있다는 것을 국민에게 꾸준히 계도해 왔다. 그 결과 2005년 한 조사에 따르면 부탄 국민의 95%가 행복하다고 답을 했단다. 세상은 온통 물질의 풍요를 강조했지만 부탄 정부는 30여 년 동안 이 운동을 꾸준히 해 온 결과, 국민의 생각을 바꾼 것이다. 이런 결과에 세계 사람들에게 부탄의 고위 관리는 대답했단다. 행복이란 집이나 자동차 혹은 전자제품 등의 물질을 소유하는 것과 비례하지 않는다. 행복의 열쇠는 지금 가지고 있는 것에 만족하는 것이다.

2차 대전 이후로 인류는 역사 이래로 가장 풍요로운 물질에 취해 전 세계는 소비 환상의 북소리에 맞추어 움직여 왔다. 그러나 미국 경제학자 줄리엣 쇼르는 '소비는 교활한 것'이라고 했다. 이유는 버는 것보다 많이 지출하게 만들면서 인간을 점점 더 빈곤 의식으로 몰아간다고 했다. 현대인의 소비는 40년 전에 비해 무려 12배가 늘었다고 한다. 결국 소비가 미덕이라며 경쟁적으로 소비를 부추기던 부자 나라 미국에 사는 국민들이 소리치기 시작했다. "이웃에 뒤지지 않으려고 허세를 부리다가 죽을 지경이다!"

그래서 부자와 가난한 자의 차이는 가진 재물이 아무리 많아도 더 벌고 싶은 자는 가난한 자이고, 아무리 없어도 가진 것에 만족하면 부자라고 했다. 그동안 남보다 많이 갖고, 남보다 더 높이 오르고, 남보다 더 크게 되려 했지만 그것이 행복지수를 높이지 못한다는 뜻이다.

이제 대한민국 국민이면 굶어 죽는 사람은 없다. 그만큼 국가가 부강해져서 복지예산이 늘어나면서 노인부터 유아까지 최저생활은 보장되고 있다. 이런 상황에서 굶는다면 그것은 개인의 무능이다. 이만하면 행복해도 되는데 불행지수만 높아가는 이유는 결국 정신의 문제일 것이다. 특히 노년에 접어든 베이비부머 세대, 가정에 뿌리를 두지 않은 여자들의 정신이 유독 병들었다는 나의 개인적인 생각이다.

60년 만에 300배의 성장을 따라온 세대답게 치열하게 살아남아 다른 누구보다 잘살 거라고 예측을 하며 60줄에 들어섰다. 그러나 예측대로 가지 않는 것도 인생이다. 이미 남편의 은퇴는 시작되었고, 자식들은 독립하지 못하고, 부모님들은 100세를 바라보며 살고 계시고…. 그래서 그런 현실에서 도피하고 싶은 마음뿐이다. 그것을 핑계대기 위해 상대를 공격한다. 남편 때문에, 자식 때문에, 사회적인 편견 때문에, 시댁 식구 때문에….

그러면서 자기 인생을 찾겠다고 가정을 떠난다. 선한 일을 위해 교회봉사 한다고 떠나고, 나라 염려한다며 광장에 나가 정치구호를 외치고, 힐링한다고 트로트 공연 따라다니고, 말솜씨 좋은 강사에 열광하며 강연장을 쫓아다니고, 신세 한탄한다고 친구 모임 갖고 성형하고, 여행하고…. 그러나 결코 행복하지는 않단다. 이유는 여자 나이 60살을 넘기면 새로운 것을 찾아 떠날 나이가 아니라, 그동안 이룬 것을 지키고 아름답게 마무리 지어야 하는 나이이기 때문이 아닐까?

더구나 단군 이래 최대의 혜택을 누린 베이비부머 세대다. 오늘날 내가 이처럼 풍요를 누린 것이 그저 단순히 내 노력이 아니었음을 노년에 들어 알게 되었건만. 옛날 옛적에 우리 할머니, 어머니의 희생과 고통이 쌓여 이런 복을 누렸건만. 베이비부머가 과연 후손에게 무엇을 주고 떠나게 될지….

2024년 11월

신 광 옥

차례

2부　옛날 옛적에 한국에서

3부　또다시 위기가 찾아오는 지구촌

6부 딸에게

1부

어머니,
그 이름을 찾아서

1
엄마라는 이름으로

대한민국 베이비부머 세대는 한국전이 끝나고 태어난 세대로 통상적으로 1954년부터 1963년 사이에 태어난 세대를 의미한다. 전쟁 직후 지독한 가난을 경험했지만 대한민국 역사 이래로 최고의 성장을 따라온 세대다. 격변의 세월을 살면서 나라 살림은 예전보다 좋아졌다지만 빈부 갈등, 세대 갈등, 남녀 갈등, 부모 자식 갈등, 정치적 갈등, 종교 갈등, 현재 대한민국은 어느 하나도 일치하지 않는 갈등의 연속이다. 그러면서 누구도 옳지 않고 자신이 최고라고 주장하며 하루 해를 보내고 있다. 하지만 그렇게 자기만 주장하다가 무리를 떠나 홀로 있으면 깊은 불안과 외로움에 잠을 이루지 못한다.

어느새 노년에 접어든 베이비부머 세대. 남자들은 평생을 해온 일자리에서 은퇴를 하고, 아내는 그런 남편 세끼 밥을 해주는 것도 모자라 장성한 자식은 독립할 나이가 지났지만 결혼도 미루고 변변한 직업도 없어 부모 곁을 떠나지 못하고 있다. 설사 결혼하여 독립했다는 자식들도 제 자식 키워달라고 손을 내밀고, 100세를 바라보는 부모님까지 살아계신다. 이런 상황에서 남은 40년을 어떻게 살아야 할지 전혀 방향을 가늠할 수 없다.

더구나 코로나 이후로 세상은 미궁으로 빠져드는 것 같다. 물론 코로나의 출현으로 엄청난 충격을 받았지만, 이후로 오히려 세계 경제는 예측 불허의 시대에 돌입했다. 개인이나 국가나 더하여 세계까지 한 치 앞도 모르는 암흑의 시대가 열린 것이다. 더구나 한국전 이후로 성장만 거듭해 온 우리나라는 최대위기에 직면했다고 한다. 전혀 가보지 못한 길을 가야 하는 길목에서 공포지수는 최악이란다.

위기를 극복하는 방법에 새로운 대안은 없다. 소나기 오면 모두 비를 맞는다. 태풍 불면 땅 위에 있는 것들 모두 쓸려간다. 가뭄 들면 들판에 있는 것들 모두 메말라 죽는다. 그러나 어떤 풍파와 고난 끝에도 반드시 살아나는 것이 있다. 이런 위기에서 살아난 자만이 위기를 극복하는 방법을 알고 있다는 것이다.

그래서 그때를 살아온 여자들은 어떻게 그런 혹독한 위기를 겪었는지 기억 속에 남아 있던 어머니 그리고 할머니를 기억해 본다. 일본에게 나라를 빼앗기고, 전쟁도 겪으면서 수많은 자식을 키워낸 그 어머니, 비록 배우지도 못하고 가난했어도 결코 자식에게 부끄럽지 않았던 어머니라는 이름으로만 산 여자들….

심리학자 칼 융에 의하면 현대 여성은 지나치게 남성 위주로 살아가면서 정작 여자에게 있는 장점을 상실했다고 한다. 대부분의 여자들이 자신이 가진 장점을 더 발달시키기보다는 자신에게 취약한 것에 경쟁적으로 매달리다 보니 신경증 환자가 되고 있다고 한다. 20세기에 불어닥친 페미니즘이 정말 여자를 행복하게 했는지 생각해 보았다. 어쩌면 남자가 누리던 것만 빼앗으려다가 정작 자신의 정체성을 잃은 것은 아닌지….

또한 역사 이래로 고령화 사회에 진입하는 첫 주자다. 100세 시대를 산다고 들떠 있지만 역으로 남은 40년은 죽음에 사로잡혀 살아야 한다. 살아 있다지만 죽음에 사로잡혀 있다면 그것은 죽은 것과 다름이 없는 환갑노인….

베이비부머 세대, 환갑을 넘겼으니 싫든 좋든 노인이 되었고, 어느새 손주까지 볼 나이가 되었으니 엄마를 넘어 할머니까지 된 것이다.

오로지 자식을 위해 절대 희생하며 자신의 삶은 없던 과거의 엄마와 달리 가부장적인 남편에게 당당하게 맞서며 가정의 주도권을 잡고, 탁월한 정보력으로 자식의 삶을 선도하고, 더 나아가 정치하고, 돈 벌고, 전문직으로 사회를 이끌며 살아온 오늘날의 엄마와 비교해 보지만 여자로서 정작 어떤 삶이 행복했는지 알 수 없다.

반면에 자기 개발이라는 시대에 엄마로만 살아온 여자는 그저 밥하는 아줌마로 전락한 오늘의 현실에 깊은 자괴감에 빠지기도 한다. 그러나 남자와 경쟁하며 맹렬하게 자기 성취를 이룬 여자도 그다지 행복하지 않단다. 이유는 남녀노소 불문하고 성공을 향한 열망으로 돈과 권력에 매몰되어 사람의 온기가 사라졌기 때문이 아닐까?

이 나이까지 살고 보니 알게 된 변함없는 진리는 인간은 어떤 세상이 와도 그저 세끼 먹다가 때가 되면 죽고, 또한 어떤 인생도 세월 따라 변할 뿐, 시대에 따라 변하지 않는다. 그러니 노인이 청년 되지 않고 청년이 노인 되지 않는다. 그래서 어떤 시대를 살든 나이에 맞게 살라 하지 않던가? 그러나 세상이 변했다며 노인이 청년처럼 살겠다고 아우성이다.

전쟁 직후 국민소득 고작 100불에 시작한 베이비부머, 참으로 숨 가쁘게 달려왔다. 경쟁에 뛰어들며 나를 찾아 참으로 열심히 살아내 나라도 부강해졌다. 단군 이래 최대의 풍요를 이루며 살았지만 노년에 이르니 더욱 갈급하다며 나를 찾겠다고 아우성이다. 그러나 옛날 옛적 우리 어머니는 오로지 어머니라는 이름만으로 가족에게 온 마음을 주며 자신을 잊었건만….

그래서 소설가 베르나 노즈는 "인간이 자신을 찾는 것보다 잊는 것이 축복"이라고 했던 모양이다. 심리학자 칼 융은 "인생은 나를 찾아 떠나는 것이 아니라 내 안의 나를 찾는 것"이라고 했다. 그래서 그런지 노인이 되고 보니 오래전 내 마음에 남아 있던 할머니가 새록새록 생각난다. 오로지 엄마라는 이름으로만 살아왔던 나의 엄마, 그리고 할머니…. 하지만 이렇게 나만을 위한 삶을 살다가 할머니 나이가 되고 보니 누구도 날 기억해 주지 않을 것 같다. 누구의 기억에도 남겨지지 않고 살다 간다면 과연 이 험난한 세상을 살다 간 의미가 있을까?

2
그 어머니가 없는 세상

베이비부머 세대가 환갑을 넘기고 나니 비로소 부모 생각을 하게 된다. 그래서 '철들자 망령'이라고 했나? 자식을 키울 때까지도 몰랐는데…. 오로지 자식만 애지중지하며 인간 구실 하게 키웠는데 오히려 자식들은 부모로부터 상처받았고, 부모가 뒷받침을 해주지 않아 인생이 고달프단다. 배은망덕한 자식이라는 생각에 울컥하지만 애써 참는다. 한편으로는 자식들한테 그런 대접을 받아도 싸다는 생각도 든다. 나도 저 나이 때는 부모에게 저랬으니까 하면서…. 그러나 내 자식은 내 나이가 되어서도 부모를 이해하지 못할 것 같은 생각이 들기도 한다. 아무래도 베이비부머가 자식 교육을 제대로 시키지 못한 것은 아닐지.

베이비부머의 부모 세대는 대한민국 역사 이래 최악의 상황을 견디어낸 불굴의 세대가 아닐까 생각한다. 1910년 일본에게 나라를 빼앗긴 상태에서 태어났으니 제대로 된 교육도 받지 못하고 유, 소년기를 거쳐 인간다운 대접도 받지 못하고 청년기를 보냈다. 그리고 해방이 되었다지만 이어서 민족 간에 총을 겨누는 전쟁까지 겪는다. 전쟁을 치르고도 가난은 끝이 없고 태어나는 자식들은 많지만 영양실조나 전염병 등으로 속절없이 자식을 잃는 고통마저 겪는다. 이처럼 20세기 초 우리나라 근대사에 격변기의 아픔을 고스란히 겪어낸 한 많은 세대다.

그런 어머니들의 유년 시절은 언어 말살 정책으로 일본어를 배워야 했기에 나라를 잃은 고통을 온몸으로 겪어서 애국심은 그 어느 세대보다 강했다. 또한 자신은 배우지 못했다는 것을 뼈저린 아픔으로 인식하며 밥을 굶을지언정 자식에게만은 공부는 시켜야 한다는 열망으로 살았다. 베이비부머 유년의 기억에는 희미한 백열등 아래 엄마는 양말을 깁고, 자식들은 밥상에 머리를 박고 공부를 했다. 누런 공책에 연필 끝에 침을 발라서 글을 쓰는 자식을 보면 하루 종일 고된 일을 했음에도 얼굴에 웃음이 번졌다. 그래서 칭찬을 아끼지 않았다. "아이구 내 새끼, 글도 잘 쓰네!" 그저 글을 잘 쓰는 것만으로도 큰 출세를 하는 줄 알았던 그 시대의 엄마였다. 한글도 못 읽는 그런 엄마였지만 자식들은 엄마를 결코 무시하지 못했다.

그러나 베이비부머가 사춘기에 접어들면서 그런 엄마와 충돌했다. 배워서 알게 해 놓고 하지 마라라는 잔소리가 너무 많기 때문이었다. 아는 게 많아져서 무언가를 해보려면 어머니는 인간이 그러면 못 쓴다고 막아섰다. 그래서 어머니가 옳다는 것은 억지로 해야 했고 어머니가 하지 말라고 하면 아무리 하고 싶어도 포기해야 했다. 그렇다고 논리적으로 설명도 못 하면서 무작정 인간의 도리만 강조했다. 학력이 높아진 자식들이 세상이 변해 간다고 소리를 질러도 어머니는 도통 소신을 꺾지 않았다. 어떤 세상이 와도 인간의 도리는 변하지 않는다는 어머니 말에 결국 자식은 분통을 터트린다. 그래서 요 모양 요 꼴로 사느냐며 대문을 걷어차고 나온다. 공연히 앞서는 강아지를 걷어차고 침을 퉤 뱉고 골목길을 나선다.

두 번 다시 안 들어갈 것처럼 화를 내며 나온 집이지만 날이 저물고 멀리 보이는 집의 굴뚝에서는 연기가 피어오른다. 그냥 집을 들어가고 싶지만 애써 시간을 지체하다가 늦은 밤에 허술한 대문을 슬쩍 밀어본다. 삐꺽하는 소리에 방문이 벌컥 열리며 어머니가 들어오라고 소리친다. 자식은 마지못하는 척하며 방으로 들어서면 어머니는 윗목에 놓인 밥상을 들이대며 물일로 거칠어진 손으로 아랫목에서 식지 않는 밥그릇을 올려놓으며 어서 먹으라고 한다. 이내 허겁지겁 밥을 먹는 자식을 대견스럽게 바라보며 한마디 한다. 그래도 인간이 그렇게 살면 안 된다고. 결국 자식은 내가 졌다 하는 심정으로 묵묵히 밥을 먹는다. 그러나 그 따뜻한 밥 한 그릇에 하루 종일 분노했던 마음을 가라앉히고 언제 그랬느냐는 듯이 두둑해진 배를 두드리며 잠에 빠져든다.

되돌아보니 엄마가 해준 거라고는 때마다 밥 주고, 세상은 점점 커지고 하고 싶은 것은 많은데 나를 막으셨던 것뿐이다. 물론 당시 어머니들은 사는 것이 고달프다 보니 감정의 기폭이 많고 때론 자식에게 화풀이를 하기도 했지만 자식은 안다. 철저한 자기희생으로 이루어진 어머니라는 것을. 그래서 아버지는 몰라도 어머니는 기억한다. 지나보니 어머니가 그때 마구잡이로 내가 충동적으로 하고 싶은것을 막아 주었으니 이나마 바른길로 온 것은 아닐까 하는 생각을 하면서…

   나이 들고 부모가 되고 보니 정말 세상에 제일 무서운 것이 바로 자식인 것을 알게 되었다. 오죽하면 무자식이 상팔자라는 말이 있겠는가? 내 자식에게 나는 도대체 어떤 존재로 남아 있을지…

   손주까지 둔 할머니라는 나이가 되고 보니 자식은 부모의 능력이 아니라 절대 희생이었다는 것을 뒤늦게 알게 되었다. 그리고 자식은 앞서 나가는 부모를 보고 자라는 것이 아니라 부모의 뒷모습으로 보고 자란다는 것도 자식을 키우고 나서 알게 되었다. 그래서 마냥 아쉽다. 어머니와 정반대로 내가 앞서가며 자식이 하고 싶은 대로 두며 상전으로 떠받들며 키웠건만…

   그렇게 키운 자식들인데 부모를 이해할 수 없단다. 하나님도 인간에게 온통 하지 말라는 소리뿐이었는데…. 그런데 원하는 것은 무엇이든 할 수 있다고 키운 내 자식도 제 자식에 푹 빠져 키우고 있으니…. 그것이 뒤늦게 못마땅하지만 어쩌겠나? 너희도 인생 살고 나서 알겠지. 그러니 죽을 날이 가까운 노인 된 지금, 오로지 할 수 있는 것이 있다면 지난날을 회개하며 그저 내 자식이 제 자식 때문에 아파하는 일이 없기만을 기도할 뿐이다.

3
가정을 지키는 어머니

도대체 가정은 무엇일까? 최근 우리나라 사람들은 아파트라는 부동산에 몰입하며 집을 단순히 돈의 가치로만 평가한다. 하지만 가정은 그런 집과 다른 개념이다. 영어로 집은 하우스이고, 가정은 홈이라고 한다. 집은 하드웨어 개념이고 홈은 소프트웨어다. 아무리 겉이 화려한 고가의 집이라도 내부에 인간의 온기가 흐르지 못하면 그 집은 폐가를 넘어 흉가가 되고 만다. 그러나 아무리 겉이 볼품없고 초라해도 집 안으로 들어가면 사람의 따뜻한 온기가 흐르는 집을 가정이라고 한다.

그러면 가정은 어떻게 온기가 흐르는 걸까? 집에서 사는 구성원들이 저마다 즐거운 곳이라고 노래를 하는 곳일까? 나는 집을 지키는 한 사람만 있으면 되는 곳이라 생각한다. 즐거울 때나 슬플 때나 따뜻한 불빛을 밝히며 나를 기다리는 누군가가 있는 집, 그 생각 하나만으로 거친 세상을 살아갈 용기가 생기는 곳이다.

대기업 간부로 있는 지인은 아침에 눈을 떴을 때 부엌에서 들려오는 아내의 도마 소리가 세상에서 가장 따뜻하다고 한다. 그래서 아무리 가기 싫은 직장도 벌떡 일어나 가게 된다고 한다. 직장 일을 마치고 아내가 저녁을 차려놓고 기다리는 집으로 갈 때 하루 종일 받았던 스트레스가 풀린다고도 한다.

흔히 세상은 바다와 같고 인생은 그곳을 항해하는 배와 같다고 한다. 망망대해를 항해하던 배가 폭풍우에서 살아남는 유일한 길은 등대의 불빛을 찾는 것이다. 하나님은 인간을 창조하고 생육하고 번성하라는 임무를 주시고, 그것을 위해 남녀가 먼저 가정을 이루어 한 몸이 되라고 하셨다. 남자는 거친 바다와 같은 세상에서 땀 흘려 일하여 식솔을 먹여 살리고, 여자는 가정을 지키며 등대 역할을 하라고 하신 것이다. 우리나라 유행가 가사 중에 '남자는 배, 여자는 항구'라고 하지만 등대와 항구의 차이는 바로 꺼지지 않는 불빛이다. 어떠한 상황에도 불은 꺼지면 안 되는 등대가 바로 가정이다.

하나님은 여자에게 결코 불빛이 꺼지지 않는 등대가 되라 하시지만 현대를 살아가는 여자에게 가장 고통스러운 일이다. 더구나 선택이 다양한 현대에 이런 강요는 여자에게 너무도 부당하게 느껴진다. 그 결과 남자처럼 외부 활동을 하는 시대에 집을 지키는 여자들은 이유 없이 과민성 불안상태에 시달린다고 심리학자 엠마 융은 설명한다. 하지만 외부 활동에 주력하는 여자들도 불안하기는 마찬가지란다. 그러면서 엠마 융은 그리스 신화를 제시한다.

프로메테우스는 제우스가 금하는 불을 훔쳐서 인간에게 주었다. 그런데 이 불은 바로 제우스의 아내 헤라의 아궁이에서 가져온 것이다. 결국 여자들이 아궁이에 불을 지피고 음식을 하면서 남자들이 가축을 따라 이동하는 것을 멈추고 정착하게 하면서 인류 문명이 발달하게 되었다고 한다.

문명의 원천인 여자의 아궁이, 엠마 융은 이 아궁이의 불빛이 꺼지지 않는 부엌에서 여자의 창의성이 극대화된다고 한다. 물론 이런 말을 들으면 현대 여성은 화를 낼 것이다. 부엌이 오히려 여자의 삶을 망쳤다며. 결국 문명의 발달이 가속화되면서 여자의 아궁이를 빼앗아 가버렸다. 다시 말하면 가스레인지나 냉장고니 하는 것으로 부엌이 현대화되면서 여자들은 더 이상 부엌을 지킬 이유가 없어진 것이다. 헤라의 아궁이에서 가져온 불이 인류 문명을 발달시켰다지만 결국 갈등의 원천이 된 것이다.

문명의 발달로 인간의 삶은 편리해졌다지만 경쟁하고 비교하는 삶을 살면서 인간은 그만큼 불행해지기도 한다. 제우스는 이런 상황을 염려하며 금했던 것을 프로메테우스가 신의 영역인 아궁이의 불을 훔쳐 인류에게 준 것이다. 결국 제우스는 프로메테우스를 카프카스의 바위에 묶고 독수리가 간을 쪼아 먹게 하는 형벌을 내린다. 그러나 간은 영원한 생명을 가지고 있어 쪼여 먹여도 이내 재생된다. 그러면 다시 독수리에 쪼여 먹히고…. 재생되면 다시 쪼여 먹혀야 하는 고통 속에 결코 죽지 않는 생명, 살았어도 산 게 아닌…. 어쩌면 우리네 인생길과 같다. 비록 오늘 살아 있다지만 되돌아보니 굽이굽이 죽을 고비 잘 넘겼다. 그렇다고 당장 내일을 장담하지 못하는 인생길….

20세기에 불어닥친 페미니즘으로 여자를 부엌에서 해방시켜 주었다지만, 진정 여자가 부엌에 묶이는 것이 자신의 정체성을 상실하는 것인지 아니면 부엌에 매여 사는 것이 정체성을 찾는 것인지 알 수 없다. 대중매체가 발달하여 부엌은 여자의 적이라며 세상 살아봤다고 주장하는 여자들이 나와서 "나처럼 인생 즐기며 살라"고 하지만 각자의 인생이다. 누구도 내 인생을 살아주지 못한다. 이제 스스로 판단할 만큼 배우고, 나이도 먹었다. 더구나 환갑을 넘기니 내 가족 편안한 것이 세상을 얻은 것보다 기쁘다는 것도 알게 되었다.

대한민국 역사 이래로 밥 세 끼 걱정 없이 먹는 시대도 처음일 것이다. 먹는 것이 부족할 때는 세끼만 잘 먹어도 소원이 없다고 했건만 이제는 그 밥 세 끼가 내 인생의 뒷다리를 잡는다고 여자들은 불평한다. 그러나 심리학자 융은 "여자는 무엇보다도 가정의 바른 관계를 위해 자신을 기꺼이 희생하는 것에 심리적인 안정을 느낀다"고 한다. 세상에서 남자처럼 사회적인 활동을 하며 큰일 해보겠다는 여자가 점점 늘고 있으니 오히려 어머니라는 이름으로 내 가족을 잘 지킨 사람이 더 빛이 나지 않을까?

4
집 떠나는 엄마와 자식

2019년 코로나가 발병하며 참으로 많은 것을 보여 주었다. 3년이라는 공포의 세월을 보내며 우리가 기억해야 할 많은 것들을 생각해 봤다. 먼저 2020년 벽두부터 대한민국을 코로나 공포로 몰아넣은 여자가 있다. 31번 슈퍼 확진자라는 명칭으로 유명세를 탄 60세 여자였다. 신천지 교인이었던 이 여인은 두 가지 특이한 사실을 보여준다. 먼저 당시 이동 경로를 추적하면서 60세라는 노년의 여자가 단기간에 엄청나게 많은 곳을 이동했다는 것에 사람들은 놀랐다. 특정 직업을 가진 것도 아닌데 그토록 많은 지역을 이동하면서 코로나를 확산시킨 그녀…. 아마도 그녀는 누군가의 어머니이며, 아내일 텐데 그토록 왕성한 외부 활동을 하며 가정은 어떻게 유지할까 궁금해지기도 했다.

둘째는 신천지라는 실체가 드러나면서 그들의 예배 방식이 전 세계로 펴져 나갔다. 같은 옷을 입고 마룻바닥에 꿇어앉아 다닥다닥 붙어 있는 모습이 충격적이었다. 영락없는 북한의 광적인 집단의 모습과 다름없었다. 코로나 초기 확산기에 한국을 주목한 세계 이목에 이런 모습이 전 세계로 나가니 초기에 질병국이라는 오명보다 더 부끄러웠다. 이제 나름 선진국 대열에 동참하려는데 의외로 민도가 낮다는 것을 들키고 만 것 같았다.

이런 신천지가 기독교계에서 이단으로 지목되었지만 그 뿌리는 생각보다 깊고 광범위했다. 신천지 교인의 특성도 특이하다. 여자와 청년이 대부분이다. 여자는 가정이 있는 중년 여인이 많았고, 청년은 고등 교육을 받는 엘리트 계층이라고 한다. 도대체 이런 특성은 어디에서 왔을까 생각해 보니 밖으로 도는 엄마와 집을 잃어버린 자식들의 조합이 아닐까? 하는 생각을 해봤다.

신천지 교인의 대부분은 기존 기독교 교인이 이동한 것이라 한다. 종교가 없는 상태에서 신천지 교인이 된 것이 아니라 기존 기독교에 실망하면서 같은 뿌리라고 주장하는 이단으로 이동한 것이다. 그러나 기독교계는 신천지가 교인을 현혹했다고 탓하기 전에 이런 사태의 근본원인은 기독교가 제공했다는 것을 먼저 생각해 봐야 한다.

기독교 역사가 짧은 우리나라는 전도라는 명분으로 교회 부풀리기에만 주력했다. 교회가 단순히 예배하는 장소가 아니라 전도를 위한 조직 체계를 세우고, 주로 여자들에게 직책과 역할을 주어 전면에 세우면서 가정을 소홀히 하게 한 것은 아닌지 생각해 봐야 한다. 특히 가정을 지켜야 하는 전업주부가 주축이 되어 교회의 활동이 주를 이룬다. 일반적으로 새벽 예배는 기본이다. 거기다가 수요 저녁 예배, 금요 철야, 주일 성수, 부흥집회, 구역예배, 성경공부 모임, 수련회, 더하여 노상 전도는 물론 교회 내에 봉사를 넘어 지역사회 봉사, 더 나아가 해외 전도까지 하겠다고 동남아나 아프리카로 떠나는 주부도 있더니 결국에는 신학을 공부해서 목사가 되겠다는 주부도 등장한다.

이런 주부들의 무조건적인 믿음의 충성심으로 우리나라는 세계적으로 그 유래를 찾을 수 없는 대형 교회들이 폭발적으로 성장했다. 그렇게 교회는 커졌다지만 오늘날 대형 교회는 불법과 탈법 혹은 세습으로 사회적인 물의를 일으켜 신천지 이단으로부터 공격 대상이 되고 있고, 여자는 가정을 지키라는 하나님의 계명보다 엉뚱하게 전도를 하겠다면 집을 비우다 보니 가정은 황폐화되고 말았다. 여자들은 밖으로 돌며 은혜 충만이라고 하지만 집 안으로 들어가면 가족 간에 대화는 없다. 그래서 자식들은 이단에 빠지고 남편은 오히려 기독교를 적대시한다. 특히 말주변이 좋은 목회자를 추종하며 섣부른 성경 지식으로 남편을 정죄하고 지시하면서 부부 갈등은 심해지고, 자식을 돌보기보다는 교회 봉사에 주력하면서 기도하면 하나님이 대신 해준다는 믿음으로 살았다.

어느새 노년에 이르렀다. 그러나 일단 밖으로 나도는 것이 습관이 되고 보니 여전히 집에 들어가기가 싫단다. 집에 있어 봤자 취업을 못 한 자식과 은퇴를 한 남편이 부담스러워 다시 밖으로 나온다. 그리고 가정이 이렇게 된 것은 더 열심히 전도하지 않아서 그런다고 더 뜨겁게 기도 한다고 이단을 쫓아다니고, 더하여 돈이라도 번다며 다단계를 따라 다니는 결과에 이른 것은 아닐지.

물론 사는 형편이 좋은 여자들도 별반 다르지 않다. 강남에 수십억대의 아파트를 소유하고 있다고 자랑을 하면서도 집에 머물지를 못한다. 각종 친목 모임 만들어 정기적으로 만나고, 백화점에 가고, 맛집 찾아다니고, 골프 치고, 성형하고, 여행 다니고…. 아파트값은 세계 최고라는데 집에 머물지를 못하고 부평초처럼 떠돌다 결국 이단에게 영혼마저 빼앗기고 마는 것은 아닌지. 가정을 만드신 하나님께서 여자에게 집에 온기를 채워 생명이 자라도록 하라고 하셨건만….

여자는 둘로 나뉜다. 사탄의 말을 듣고 아담을 죄에 빠뜨리는 여자와 하나님의 명령에 복종하여 자식을 낳아 생명을 이어 아담을 살리는 하와…. 기독교인이라면 하나님의 뜻을 아는 것이 먼저일 것이다. 자신의 행동이 가정을 살리는 것인지 아니면 가정을 죽이는 것인지…. 사도 바울은 하나님을 모르고 한 짓은 상관하지 않지만 알고 저지르는 죄는 심판하신다고 하였건만….

세상에 위기가 왔다고 시도 때도 없이 하나님을 찾으며 집 떠나는 여자들, 하나님 핑계로 집을 떠나며 세상에서도 손가락질받는 오늘의 현실. 하나님은 십계명을 통해 내 이름을 망령되이 하지 말라고 하셨건만⋯. 하나님은 위기에 처한 인간이 사는 유일한 길은 오로지 하나님이 만든 유일한 공동체, 가정을 지키는 것이 가족 모두가 사는 길이라고 하셨건만⋯.

5
교회 헌신한다고 집 떠나는 엄마

코로나 전후로 우리나라 기독교인들이 많은 국민으로부터 지탄의 대상이 된 것도 특이하다. 특히 정치나 권력에 뛰어들어 추종자를 따라다니며 집회에 적극 가담하는 여자가 급격하게 늘었고, 그중에는 기독교 특정 단체를 따라다니며 거리를 떠도는 여자도 많아졌다. 특히 50대 이후의 여자가 집회의 참여율이 가장 높은데 이런 현상은 세계 어느 나라에도 없다고 한다. 사회문제나 정치성향으로 청년이나 이익단체가 집회에 참석하는 것이 아니라 마땅한 직업도 없는 여자들이 집단행동에 나서는 특이한 현상은 어디에서 온 걸까?

거리로 나서는 기독교인의 집단행동을 문제 삼기보다는 그들의 안하무인식의 태도에 눈살을 찌푸리게 한다. 그들은 믿음이라고 하지만 집단으로 모여 거리에서 밤을 새우고, 뜨겁게 기도한다며 광적으로 소리치는 엄마를 본 자식들은 무슨 생각을 할까? 전쟁 상황도 아니고 나라를 빼앗긴 상황도 아닌데 추종자를 따라 광장에 모여 남녀가 섞여 밤을 새우는 엄마를 보면 자식들은 심하게 부끄러울 것이다. 그들은 나라를 위한 애국이라지만 정보가 열린 오늘날과 같은 21세기에 그들의 집단행동은 상식을 넘어섰다. 하나님은 인간에게 상식적인 판단을 할 수 있는 분별력을 주셨지만 그들의 비이성적인 행동으로 인해 오히려 하나님을 욕되게 하고 있는 것은 아닌지.

예수님은 당시 이스라엘을 지배한 로마에 정치적으로 저항하자고 하신 적이 없다. 예수님은 죄도 없이 3번의 재판을 받고 그들이 판결한 대로 기꺼이 십자가 죽음을 택하셨다. 그럼에도 그런 예수님을 택하며 살아가는 당시 기독교인을 바라보는 시선은 신비하고 더 나아가 두려운 존재였다. 그런데 오늘날 기독교인을 바라보는 시선은 혐오다. 그런데도 집단행동에 나서는 기독교인들은 오히려 핍박이라는 표현을 거침없이 도용한다.

특히 여자들은 성경을 논리적으로 분석하거나 하나님을 깊이 알려 하기보다는 자신이 속한 교회나 목회자에게 비중을 두는 경향이 있단다. 이런 여자의 믿음에 대해 심리학자 엠마 융은 "여자가 남자에 비해 분별력이 떨어지기 때문"이라고 한다. 다시 말하면 여자는 높은 수준의 분화된 사고력이 떨어진다고 한다. 그래서 누군가 강의를 하거나 설교를 할 때 그 내용보다는 말하는 사람에게 관심을 둔다. 말을 재미있게 한다는 둥, 예화를 잘 든다는 둥, 넥타이가 멋있다는 둥 하면서. 그래서 여자들은 남자들보다 쉽게 사이비 교주에 빠지고, 엉터리 목사를 쫓아다닌다고 한다.

엠마 융은 이런 여자의 심리를 단적으로 말한다. 분별력이 없어 귀한 것이나 싸구려의 가치를 동일시하며 열광적인 마음을 그대로 드러낸단다. 비록 오늘날 여자가 남자처럼 교육을 받고, 남자와 동등한 사회적인 조건에서 살아도 여자들의 이런 행태는 크게 달라지지 않는 것 같다. 결국 시대를 불문하고 남자는 어떤 사안을 논리적으로 분석하기 위해 노력하는데 여자는 신앙과 미신으로 만족한다고 한다.

이런 이유로 예수님은 2천년 전에 거짓 예언자를 조심하라고 하셨다. 그리고 구체적으로 설명해 주셨다. 그들은 양의 모습을 하고 있지만 속은 굶주린 이리떼와 같아 너희를 찢어 삼키려고 한다고. 그런 거짓 예언자는 여자들에게 하나님이 만든 최초의 공동체, 가정을 지키라고 하기보다는 자신을 믿고 따르며 추종하라고 하는 것이다. 그래서 예수님께서 분별력이 떨어져 그런 이리떼를 구별하지 못하면 다른 방법도 알려주신다. 좁은 길로 가라고. 멸망으로 가는 길은 넓고 그 문이 커서 그리로 들어가는 사람은 아주 많다고. 그러나 생명으로 이끄는 길은 좁고 아주 작아서 그곳을 찾는 사람은 아주 적다고 하신다. 그러니 요즘처럼 집단으로 몰려다니는 길이 멸망으로 가는 길이고. 요즈음 같은 시대에 아무도 알아주지 않는 집이나 지키는 것이 정말 좁은 길이 아닐지.

또한 다른 기독교 국가와 달리 유독 한국 교회에서 밥을 해 먹는 것도 특이한 현상이라고 한다. 그래서 교회를 가면 밥을 준다는 인식이 강하다. 더구나 교회가 직업이 없는 주부들이 교회 봉사라는 명분으로 무급 인력으로 활용한다. 이처럼 교회가 주부인 여자 성도를 전도와 봉사라는 명분으로 활용하니 자연히 가정에 소홀해진다. 그런데 이제는 정치에 동원되어 거리에서 밤을 새우기까지 하니…. 자식들은 엄마가 없는 집에 홀로 남아 무슨 생각을 할까? 지인은 40년 넘게 교회에서 밥 봉사를 했는데 결국 아들이 집을 나갔다고 한다. 이유는 아들이 집에서 밥을 먹어 본 적이 없었기 때문이란다.

대한민국은 단군 이래 처음 선진국으로 들어서는 길목에 서 있다. 신체가 건강해져서 인간이 100세를 산다고 하고, 지식의 발달로 과학과 문명이 상상을 초월하게 발달했지만 인간의 영성은 오히려 퇴보하는 것 같다.

1884년 처음 이 땅에 개신교가 전파된 이래로 단 1세기 만에 폭발적으로 증가한 교인 수를 보고 세계 역사에 유래가 없다고 한다. 그런 역사를 가진 기독교인이라면 하나님의 형상을 닮은 존귀한 모습으로 회복하는 것이 먼저 아닐까? 이만큼 먹고살 만하고, 그만큼 배웠다면서 영혼까지 털리며 남에게 손가락질까지 받으며 살아야 할까? 그리고 구원은 개인 구원이지, 집단 구원이 아니란다. 그나마 운이 좋아 손주까지 보는 나이까지 살았다면 그저 가족을 위해 홀로 기도하는 아름다운 어머니의 모습을 보여주면 안 되는 것일까?

6
박영자 할머니

2020년 1월, 풍문으로 돌던 코로나가 드디어 대구에 상륙했다. 그러자 대구가 봉쇄되는 초유의 사태에 직면하자 대구 시민뿐 아니라 온 나라가 두려움과 공포 속에 돌입했다. 하지만 당시 대구에서 그런 공포를 유발시킨 31번 슈퍼 전파자인 여자가 있었다면 국민의 마음을 따뜻하게 한 여자도 있었다. 바로 74세 박영자 할머니였다. 난생처음 눈에 보이지도 않는 적의 공격으로 전쟁보다 더 무서운 공포심에 전 국민이 떨고 있을 때 한 줄기 빛처럼 국민의 마음에 위안을 주는 글이 인터넷을 뜨겁게 달구었다.

그 글의 제목은 '비우니 채워지더라'이다.

"오늘은 갈치, 내일은 고등어. 해동해서 먹고, 설날에 남긴 나물 해동해서 비빔밥 해 먹고, 가래떡을 꺼내서 어묵 넣으면 문구점 떡볶이로 변신하고, 신 김치에 냉동 돼지고기 넣고 버터 한 스푼 넣어 푹 끓이면 오모가리 김치찌개 되고, 탕국 데워 밥 해동시켜 말아 먹으니 제삿밥 먹는 것 같고, 해동한 보름 찰밥은 밥 하루 안 해도 되는 공짜 삶이 되고, 콩, 조, 밤 등으로 영양밥 만들고, 곶감, 유과, 약과는 심심풀이 간식 되고, 인절미 녹여서 콩가루 무치니 고소한 찰떡이 되고, 절편 녹여 프라이팬에 구우면 바삭한

맛이 일품인데 꿀까지 찍어 먹으니 그 맛이 요즈음 젊은이들이 쓰는 말 심쿵하네. 작년 가을 깊숙이 모셔둔 송이는 아들 오는 날 별식이 되고, 꽁꽁 얼린 미역을 녹여 쌀뜨물에 담백한 미역국도 끓이고, 제사 때 쓴 북어포는 무우 빚어 넣고 계란 풀어 해장국 끓이고, 얼린 명란 녹여 계란찜도 하고, 새우젓 넣고 잘생긴 무우에 쪽파 넣어 봄 깍두기 만들고, 묵은지 두어 번 씻어 찬밥에다 달래장 살짝 얹어 먹으면 입안에 봄이 한가득, 돌덩이 같은 시래기 꺼내어 멸치 육수에 콩가루 무쳐 국 끓이면 콩가루가 몽글몽글 입안으로 절로 넘어간다. 냉동실 발가벗고 나니 은행 갈 일 별로 없고 한 달 생활비가 고스란히 남아 있어 부자 된 기분이다."

코로나가 3년이라는 긴 시간이 지나고 또 어느새 1년이라는 세월을 보내고 나니 그때의 공포감을 잊은 듯하다. 하지만 중국이 발원지라는 소문에 이어 전 세계 사람들이 동시다발적으로 엄청나게 죽어 나간다는 뉴스와 영상에 귀를 기울이고 '설마 우리나라까지?' 하는 마음으로 온 국민이 가슴을 조이던 2019년을 지나 2020년 1월, 코로나가 대한민국에 공식적으로 선포되었던 그날에 국민들의 공포심은 차마 입으로 표현할 수 없을 지경이었다. 갑자기 나라 전체에 검은 그림자가 드리워지며 모두들 집 안에 틀어박혀 눈알만 굴리던 그때가 기억난다. 그렇게 한 치 앞도 보이지 않는 캄캄한 어둠 속에서 냉장고에 묵혀두었던 음식을 꺼내어 만들어낸 할머니표 음식이 당시 사람들의 마음에 작은 촛불을 밝히는 것 같았다.

하지만 글 속에 담긴 내용을 그대로 해석해 보자면 냉장고에 있던 음식을 꺼내 먹는 데 한 달여 시간이 걸린 것이다. 그만큼 쌓아두고 살았지만 이번 참에 냉장고를 비워 보는 것은 어떨까 하는 생각도 하게 되었다. 사실 우리나라 대부분의 가정에는 김치 냉장고를 포함하여 대형냉장고를 서너 개씩 가지고 있다. 물론 김치라는 독특한 저장 음식을 선호하기 때문이기도 하지만, 지나치게 많은 분량의 음식물을 냉동고나 냉장고에 적체하며 사는 나라는 흔치 않다고 한다. 특히 노년기에 접어든 베이비부머 세대는 그 정도가 심하다. 아마도 가난했던 시절에 음식을 쌓아두고 사는 것이 소원이었기에 냉장고마다 가득 채워야 남보다 잘산다는 느낌을 받는 것 같았다. 거기다가 소비가 미덕이라는 기치 아래 경쟁적으로 소비에 뛰어들면서 남에게 보이기 위한 삶을 살아왔다.

또 다른 이유는 아무래도 미국식에서 온 것 같다. 미국이라는 나라는 지역이 넓어서 마트에 가는 것도 쉽지 않아 가정마다 비상 식량처럼 냉동으로 쌓아둔 것이 우리나라에 그대로 적용된 것 같다. 그러나 우리나라는 미국과 같은 고립된 지역이 많지 않다. 음식을 냉장고에 그처럼 쌓아두어야 할 이유가 전혀 없다. 전국 각지 어느 곳이든 대형마트가 있고, 골목마다 작은 마트가 포진해 있다. 그래서 아주 쉽게 신선 식품을 살 수 있다.

최근 일본은 300리터 작은 냉장고로 줄이고 있단다. 우리나라처럼 교통이 편리하고 신선식품을 쉽게 구매할 수 있는 상권이 발달하여 그 날 먹을 것을 그날 사다 먹는단다. 그러다 보니 냉장고가 클 필요가 없어 점점 작아지고 있다고 한다. 우리나라는 아무리 작은 아파트에 살아도 대형냉장고와 김치냉장고는 기본이다. 그러면서 집에서 밥을 해먹지 않고 외식을 하느라 냉장고는 몇 해씩 묵힌 것들로 가득하다. 먹지도 않으면서 썩어나는 음식, 그것도 하나님이 보시기에 아름답지 않다. 언제나 부족해서 문제가 아니라 과해서 문제다.

이 나이까지 살고 보니 세상살이 한 번도 위기가 아닌 적이 없었다. 어차피 자식들은 그런 세상에서 살아내야 한다. 부모는 그런 자식들이 세상에서 자기 뜻을 펼치며 멋지게 살 때 도움을 받는 존재가 아니다. 오로지 자식이 실패하고 좌절하고 위기에 처했을 때 그들이 돌아와 쉬게 해주면 된다. 그러기 위해서는 어머니는 항상 꺼지지 않는 등불을 밝히며 낙담해서 돌아오는 자식에게 적합한 음식을 해주어 몸을 회복시켜주고, 따뜻한 위로를 해주며 피폐해진 정신을 회복시켜주고 다시 세상으로 내보내야 한다. 그리고 어머니는 다시 세상을 향해 집을 떠나는 자식을 이제 하나님께서 돌봐주기를 기도하는 거다.

그래서 자식을 둔 여인이 코로나 시절 박영자 할머니처럼 살면 식구는 구할 수 있다. 다시 말하면 세상이 위기에 빠졌을 때 세상을 구하는 것은 깊은 영성으로 하나님과 기도하며 가정을 지키는 그 엄마가 아닐지.

7
여자에게 있어 음식을 하는 것이 바로 생명력이다

언제부터인가 우리 사회는 살림이 곧 여자를 망가뜨리는 주범으로 몰아가고 있다. 왜 여자만 집에서 살림하는 밥순이로 사느냐고 국가가 나서달라고 소리친다. 심지어 국회의원을 했던 여자는 급식하는 여인들을 향해 '밥하는 미친년'이라고 말을 서슴없이 했다. 그렇게 밥을 하는 여자를 무시하는 발언까지 더해져 정치권은 앞다투어 여자가 살림하지 않는 정책을 쏟아낸다. 텔레비전 방송마다 요리하는 남자, 살림하는 남자, 애 키우는 남자가 대세라며 그런 프로그램이 쏟아져 나오고 있다. 그것을 시청하는 살림녀는 점점 더 비참해진다. 남들은 저러고 사는데 왜 나만 집 안에 처박혀 인생을 죽이는 걸까? 하며.

이런 현상이 심화되며 젊은이나 늙은이나 할 것 없이 살림을 피해 집 밖으로 나온다. 이제 음식을 하는 부엌은 액세서리라는 말도 있다. 특히 그동안 살림을 주도해온 중년 이후 여성의 일탈이 심하다. 유명 레스토랑이나 맛집에 명품 옷을 두르고 명품 가방을 든 아줌마들이 삼삼오오 떼로 모여앉아 점심을 먹는 장면도 다른 나라에서 볼 수 없는 특이한 모습이라고 한다. 그들이 그렇게 통 크게 점심을 먹는 동안 사무실 밀집 지역에는 오천 원 정도의 음식을 먹겠다고 직장인이 줄을 서 있다. 그

안에는 그녀들의 남편도, 자식도 섞여 있을 것이다. 물론 여자들도 할 말이 있다. 그동안 가족들 밥해 주느라 좋은 세월 다 보냈으니 잠시 즐기는 것이라고….

사실 여자에게 있어 가족을 위해 세끼 밥을 해주는 것은 가장 싫은 일이다. 밥만 해주다 보니 표도 안 나고 감사도 모르고 때론 무시당하는 느낌이 들기까지 한단다. 그래서 형편이 되면 어떻게든 안 하는 쪽으로 결정을 내린다. 사실 이것도 선택할 수 있는 여자의 특권이다. 외식이 쉽지 않은 농촌이나 외지에서 사는 부부를 보면 세끼 먹는 것이 삶 그 자체이기에 고민도 없다. 그러나 선택이 다양한 도심에서는 세끼 밥이 갈등의 요소가 되고 있다. 언제나 세상은 부족해서 문제가 되기보다는 과해서 문제다.

그러나 엠마 융은 "여자는 요리를 하고 집안 살림을 하는 것에서 창의성이 발휘된다"고 한다. 요리를 하면서 인간의 두뇌가 발달한다는 학설도 있다. 노년에 접어든 여자들이 요리를 기피하면 치매가 빨라진다고도 한다. 전통적으로 우리나라 여자들이 서양 여자들보다 노인성 치매가 많지 않았는데 최근에 급격히 증가한다고 한다. 사실 서양인에겐 요리가 없다고 할 만큼 음식이 단순하다. 아침에는 마른 빵을 먹고 저녁에는 생고기를 구워 먹는다. 야채도 소스를 뿌려 먹는 정도다. 하지만 우리나라는 요리를 해야 먹을 수 있는 음식문화가 형성되어 있다. 각종 찌개는 물론 종류별로 만들어진 반찬들을 특색 있게 맛을 내는 것이다. 그것으로 끝나는 것이 아니다. 된장찌개가 맛있으려면 된장이 맛있어야 하고, 김치찌개가 맛있으려면 김치가 맛있어야 한다. 그러나 이런 음식은 시차를 두고 만들어져야 하니 살림을 하는 사람에게는 보통 고된 것이 아니지만 끊임없이 두뇌 회전을 시키는 요인이 된다.

다시 말하면 운동으로 육체를 고단하게 해서 건강을 유지하는 것처럼, 요리하면서 두뇌를 고달프게 해야 정신이 건강해진다는 것이다. 아침을 해먹고 나면 바로 점심거리를 생각해 두어야 하고, 점심을 먹고 나면 바로 저녁거리를 생각해 두지 않으면 안 되는 우리네 살림살이다. 어디 그뿐인가? 계절을 앞세워 준비해야 음식도 많다. 겨울이 오기 전에 김장을 하고, 겨우내 된장 띄워 이듬해 봄에 된장 담그고 간장 만들고 이어서 마늘장아찌다, 매실이다 하며 철마다 담가야 하는 것은 또 얼마나 많은지….

사람의 정신을 건강하게 하는 것은 바로 선행지침이다. 앞서서 무언가를 해야 한다는 자체로 두뇌가 끊임없이 자체 회전을 하는 것이다. 전통이란 오랜 세월 속에 그 나라의 토양과 기후 등의 자연조건을 충족시키며 발달해 온 것이다. 결국 전통이란 그 지역에서 살아온 인간과 환경이어우러져 뿌리를 내린 것이다. 이렇게 대를 이어 내려와 물려받은 전통이라면 그 전통을 이어줄 책임도 있건만…. 인류학자 마빈 헤리스가 "음식은 영양도 건강도 아니라 문화의 정신"이라고 말하는 이유다.

사실 요즈음 여자들이 밥 짓는 것을 피해 더 나은 무언가를 하겠다지만 인간에게 먹는 것만큼 소중한 것이 어디 있을까? 아무리 권력이 있고 재물이 많다 해도 사흘만 굶으면 땅에 떨어진 것도 주워 먹게 되고, 더 나아가 남의 것을 훔쳐 먹기도 한다. '금강산도 식후경'이라는 속담이 그냥 나온 것이 아니다. 전도서에 보면 사람이 해 아래서 먹고 마시는 것보다 더 나은 것은 없다고 한다. 장수하는 노부부를 보면 아내인 할머니가 결코 살림을 놓지 않고 남편의 밥을 해준다. 아내가 해주는 밥을 먹는 할아버지는 마냥 행복해한다.

내가 만든 음식으로 가족의 배를 불리고 행복하게 했다면 그것처럼 큰일이 없다. 더하여 인간은 나 혼자 먹자고 그처럼 맛있는 요리를 하지 않는다. 남편이나 자식의 입맛에 맞추려고 애쓰고 요리하는 것이다. 더구나 내 입에 맞난 것보다 자식 입에 맞난 것 넣어주려는 어머니의 마음, 바로 하나님이 가진 생명의 마음 아닐까?

<u>8</u>
밥은 먹고 다니니?

이 나이까지 살고 보니 알게 된 한 가지, 인간은 세끼 먹다가 때가 되면 죽는다는 사실이다. 어떤 인간도 3일을 굶으면 눈에 보이는 것이 없다. 배고픔 앞에 인격은 없다. 그래서 인간에게 가장 무서운 적은 사나운 짐승도 아니고 전쟁도 아닌 바로 배고픔이라고 하지 않던가? 대한민국 베이비부머는 유년의 시대에 겪은 배고픔을 뼛속까지 기억하고 있는 세대다. 한국전이 끝나고 폐허가 된 땅에서 태어난 세대로, 먹을 것도 입을 것도 변변치 않지만 오로지 엄마가 해주는 밥심으로 살아내어 오늘에 이르렀다.

그래서 옛날 옛적에 우리 어머니의 자식 교육을 생각해 보았다. 베이비부머 세대는 어머니를 떠올리면 오로지 '밥' 생각만 난다. 유년 시절에 그런 엄마를 생각하면 학교에서 돌아오는 발걸음도 마냥 행복하다. 대문이 보일 즈음 신나게 소리친다. '엄마! 밥!' 물론 엄마는 먹을 것을 들고 부엌을 나와 달려오는 자식을 반긴다. 엄마는 자식이 잠시도 못 기다릴 것을 알고 감자며 고구마며 미리 쪄놓고 기다린 것이다.

자식은 가방을 냅다 던지고 어머니가 내놓은 음식들을 허겁지겁 먹기 시작한다. 어머니는 그렇게 먹어대는 자식을 아주 행복한 듯이 바라보며 묻는다. 학교에서 뭘 배웠어? 그러면 자식은 자랑스러운 듯이 배운 것을 줄줄 쏟아낸다. 그렇게 엄마 간식으로 배부른 자식은 골목으로 놀러 나간다. 그리고 친구들과 신나게 노느라 날이 저물어도 좀처럼 집으로 들어갈 생각이 없는데 멀리서 들려오는 엄마의 소리, '밥 먹어라!' 그러면 자식은 모든 것을 버려두고 그저 엄마 목소리를 향해 신나게 달려간다.

아마도 대부분의 베이비부머 어린 시절 기억에는 이런 추억이 남아 있을 것이다. 그래서 자식들은 그런 어머니를 위해 출세를 하고 싶었다. 자식에게 온전히 인생을 바치는 어머니를 생각하며 커서 '울 엄마 호강 시켜 줘야지' 하며…. 부모 나이가 되고 보니 그 어머니가 너무도 그립다. 그래서 자식은 부모의 뒷모습을 보고 닮는다고 했던 모양이다. 지나 보니 정말 우리 어머니는 자식만을 위해 희생했다는 것을 알게 되면서 그 가치를 헛되게 하지 않으려고 노력한다.

그러나 요즈음 엄마들은 돈과 권력으로 자식들의 인생을 선도한다 며 온갖 불법과 탈법을 저지르고, 정치에 참여해서 내 자식이 불이익 받지 않겠다고 하고, 더하여 광장에 나가 제도를 바꾸어 달라고 소리치고, 맘카페나 엄마부대를 만들어 감시 체계를 강화한다 하고, 더하여 자식을 위한다고 교회 봉사하고, 자식 교육을 위한 정보수집 한다고 집을 비운 사이에 자식들은 아무도 반기는 사람 없는 빈집으로 가는 발걸음이 마냥 무겁다. 빈집에 홀로 문을 따고 들어가 냉장고에 있는 차가운 음식을 뒤져 먹기도 하고, 아니면 배달시켜 먹기도 한다. 홀로 식탁에 앉아 꾸역꾸역 먹고 있는데 핸드폰이 울린다. "아들? 뭐 먹어? 짜장면? 맛있게 먹고 학원 가야지. 학원 차 놓치지 말고. 아들! 엄마가 사랑하는 것 알지? 사랑해" 아들은 남은 음식을 먹으며 한 손으로는 핸드폰을 보다가 이내 게임에 빠져든다.

자식은 양날의 칼이다. 먹고살 만하니 서로 속고, 속이는 관계로 변질되고 만 것이다. 자식도 부모 자신이 이루지 못한 것을 자식을 통해 이루려는 욕망을 알고 있다. 일부 부모는 내 자식이 무엇을 좋아하는지, 무엇이 알고 싶은지, 어떤 감정인지 전혀 관심이 없다. 서로 다른 것만 보면서 사랑이라는 말로 포장을 하고 있다. 입으로는 너를 믿는다며, 너도 할 수 있다고, 엄마는 그런 너를 위해 모든 것을 하고 있다고 하지만 그걸 믿는 자식은 거의 없다. 자식은 생각한다. 집에 있기 싫으면서 내 핑계를 대기는….

하기는 자식은 부모를 아는데 부모가 자식을 모르는 것이다. 그래서 요즈음 부모는 남들보다 더 많은 공을 들여 자식을 키웠는데 무슨 생각을 하는지 모르겠다고 분통을 터트린다. 자식은 커갈수록 부모의 마음을 뼛속까지 아는데 늙어가는 부모는 자식을 더 모르겠다니.

 하지만 예전에 어머니들은 오로지 밥 먹으라는 소리만 했는데도 자식 뒤통수만 봐도 무슨 생각을 하는지 다 안다고 했다. 간혹 어머니를 속이거나 다른 속마음을 말하면 금방 알아낸다. 그래서 어떻게 알았냐고 물으면 대답한다. '차라리 귀신을 속여라. 내 뱃속에서 나왔는데 네 속을 몰라?' 어디에서 나온 어머니의 자신감인지는 몰라도 자식을 향해 그렇게 큰소리치니 자식은 그저 슬그머니 꼬리를 내린다.

 지나보니 예전의 어머니가 자식을 향해 이처럼 안다고 큰소리를 친 이유는 아마도 자식이 했던 온갖 소리를 묵묵히 들었기 때문이 아니었을까? 하는 뒤늦은 생각을 한다. 그런데 요즈음 엄마는 자식보다 많이 안다고 내 말만 들으라고 강요만 했기에 커가는 자식을 점점 모르는 것이 아닐지? 그러나 옛날 부모는 자식이 제일 두렵다고 했었다. 아마도 세상은 속여도 자식을 속일 수 없다는 것을 이미 알고 있던 것은 아닐지.

 세상은 점점 더 혼돈 속으로 빠져들고 있다. 부모 마음? 별거 없다. 앞으로 더 고단한 세상을 살아갈 자식을 생각하며 배고플 때 밥 주고 불평할 때 묵묵히 들어주면 된다. 부모를 떠나 있던 자식이 어쩌다 안부 전화를 하면 다짜고짜 물었던 한마디 '밥은 먹고 다니냐?' 노년에 접어드니 그 말이 더 그립다.

9
밥 먹자

성악가 김동규가 방송에 나와 이혼 후 이태리 생활을 접고 귀국했을 때의 심정을 털어놓았다. 그는 비교적 이른 나이에 세계적인 무대에서 성악가로 인정을 받았지만 지인에게 배신 당하고 가정도 잃고 한국으로 귀국하는 그 심경은 세상을 다 잃은 것과 같았다고…. 그런 김동규를 맞이하는 엄마의 첫 마디 '밥 먹자'였단다. 그동안 쌓아 올린 모든 것을 날리고 패잔병이 되어 돌아온 아들에게 아무것도 묻지 않고 오로지 그 한 마디 '밥 먹자.' 김동규는 바로 그 한마디에 그동안 애써 참았던 모든 것이 무너지며 주체할 수 없는 눈물을 쏟았다고 했다. 한때 세계적인 성악가로 인정받았던 중년의 남자가 바지가 흥건히 젖을 정도로 눈물을 쏟았다니. 아마도 그는 엄마의 그 한 마디에 그동안 세상에서 받은 고통에서 위로받는 느낌이 아니었을지.

이후로 김동규는 엄마의 밥을 먹으며 다시 삶을 추슬러 나간단다. 물론 90살이 가까운 노모도 아들의 아침 밥상을 차리며 행복하다고 한다. 놀면 치매밖에 더 걸리냐며…. 그래서 아들의 밥상을 차리는 노모도 건강해지는 것은 아닐지. 흔히 나 혼자 잘 먹고 잘사는 개성시대라지만 인간은 나를 위해 사는 이기적인 존재가 아니라 누군가를 위해 자기를 희생하는 이타적인 존재다. 왜냐하면 인간은 나 혼자 먹자고 진수성찬을 차리지 않는다. 사랑하는 자식이나 가족을 위해 밥상을 차릴 때 힘이 들어도 즐겁다고 한다.

그 어느 시대보다 과학이 발달하고 문명이 최고조에 달했다지만 개개인의 인간들 대부분은 다들 사는 것이 힘들다고 한다. 비록 먹고살면서 편리함은 누리지만 점점 더 고립되는 삶에 지쳐가고 있는 이유다. 바로 나를 위해 따뜻한 밥 한 끼 차려주는 사람이 없는 세상이 되었기 때문이다. '그까짓 밥 한 끼?'라 말하지만 그 밥에는 바로 소망이 담긴 정성을 의미하는 것이리라. 가족을 생각하며 밥을 짓는 엄마의 밥상, 비록 멀리 떠나 있어도 밥을 지을 때마다 자식 생각을 하며 부디 배곯지 말라며 기도하는 엄마가 있는 자식은 어떤 세상이 와도 두렵지 않을 것이다.

결국 인간에게 밥의 의미는 신체적인 단순 욕구를 채우는 것이 아니라 바로 인간관계를 의미한다. 인간은 바로 이런 관계 속에서 살아가는 힘을 얻게 되는 것이다. 내가 사랑하는 누군가를 위해 열심히 살고, 또한 나를 사랑하는 누군가를 위해 살아내는 것이다. 또한 위기에서 누군가의 힘이 되는 것이 바로 이런 관계다.

잠언서에 의하면 부모는 화살통이고 자식은 화살통 안에 있는 화살이라고 했다. 부모에 의해 잘 다듬어진 화살은 때가 되면 화살통에서 나와 과녁을 향해 날아가는 것이 화살의 임무라고 했다. 그러나 그렇게 날아간 모든 화살이 정확하게 과녁에 꽂히지 않는다. 비록 목표를 향해 날아갔지만 성공하지 못한 화살이 대부분이다. 이때를 위해 부모가 존재하는 것은 아닐지. 세상을 향해 자기 목표를 가지고 세상으로 나아간 자식이 실패하고 돌아올 화살통을 지키고 있어야 한다는 것이리라.

흔히 오늘날 자식들이 세상에서 살아갈 스펙을 만드느라 돈과 권력을 동원하지만 결국 세상에서 자기 성취를 이루다가 실패했을 때 돌아갈 곳이 있는 자와 없는 자에 따라 인생의 승패가 결정된다. 부모는 자식이 날개가 꺾여 돌아왔을 때 먹이고 재워 기운을 차리게 한 후 다시 세상을 밖으로 나가도록 해주려면 반드시 자식이 돌아올 집을 지키며 있어야 한다. 그것이 바로 화살통의 역할이 아닐지. 또한 화살은 다시 과녁을 향해 날아가야지 그저 안전한 화살통에 머물면 화살의 역할이 아니다. 그래서 자식을 끼고 있는 부모가 되어서도 안 되건만….

이 나이까지 살고 보니 인생이란 더 잘나가는 게임이 아니라 위기에서 살아남는 게임이었다. 위기가 닥쳤을 때 절대 혼자 극복할 수 없다는 것도 알게 되었다. 또한 부모의 자리에 있을 때 자식이 힘들고 고통스러울 때를 알고 있어야 한다. 그러려면 눈에 안 보이는 먼 곳에서 있는 자식을 곁에 있는 것처럼 생각해야 한다는 것이다. 그것을 위해 깨어 기도하라고 하는 것이다. 혹여 호기 있게 집을 떠난 자식이 날개가 꺾여 집으로 돌아오면 아무것도 묻지 말고 그저 밥만 먹이라는 것이리라. 성악가 김동규의 엄마처럼 그저 한 마디 '밥 먹자.' 아마도 그때 엄마의 밥을 먹는 자식은 육체는 물론 정신과 영혼까지 치유를 받고, 다시 세상으로 나가 자기 성취의 삶을 살게 되건만.

예수님은 공생애 기간 동안 먹고 마시는 것을 즐겼다. 그리고 부활 후 갈릴리에서 고기를 잡던 제자를 불러 밥상을 차려주었다. 솔로몬도 사는 동안 먹고 즐기는 기쁨보다 큰 것이 없다 했건만. 하나님의 나라는 바로 이런 잔치가 벌어지는 곳이라는데….

10
결국 밥 때문에?

요즈음 자식을 결혼시키기도 어렵지만 결혼 후 얼마 가지 않아 이혼을 해서 다시 부모의 근심이 깊어진다. 그런데 친구는 그 이유가 바로 냉장고가 비어서 그렇다는 결론을 내렸다. 혼기가 찬 딸의 결혼을 염두에 두고 주변에 신혼집에 초대를 받아 가면 부러운 시선으로 여기저기를 꼼꼼히 둘러본단다. 그런데 냉장고가 비어 있으면 여지없이 수년 내에 이혼했다는 소식이 들려온다고. 그래서 딸을 결혼시키면서 친정 엄마로서 무조건 딸의 신혼집 냉장고를 채우는 것만은 결코 게을리하지 않는다고 다짐했다.

사실 인간이 아무리 큰일 한다고는 하지만 먹고 싶을 때 먹는 기쁨이 우선이다. 피곤한 몸을 이끌고 집에 들어서면 밥이 기다리는 것처럼 큰 기쁨이 없을 것이다. 편안한 자세로 쉬고 있다가 먹고 싶을 때 음식을 해주는 사람이 있는 기쁨은 오로지 집에서만 경험하는 것이다. 아마도 남편이 요구했을 때 아내가 냉장고를 뒤져 간식을 해오면 남편은 아이처럼 즐거워할 것이다. 그런데 냉장고를 열었을 때 아무것도 없거나 혹은 아내가 왜 내가 그 일을 해야 하느냐고 짜증을 내면 분위기 썰렁해진다.

이런 현실을 인식한 친구는 시집을 가는 딸에게 냉장고는 엄마가 장을 봐서 무조건 채워 둘 테니 남편이 무언가 먹고 싶다고 할 때 따지지 말고 그냥 해주라고 당부를 했단다. 대가족을 거느리는 것도 아니고 요란한 산해진미 해달라는 것도 아닐 텐데 제발 먹는 것으로 싸우지 말라고. 사랑해서 결혼까지 했는데 아내가 해주면 어떠냐며. 물론 맞벌이 시대이니 일하는 딸이 왜 나만 해야 하느냐고 볼멘소리를 하면 남자보다 여자가 그런 사소한 일을 더 잘하기 때문이라고 다독인단다. 더구나 신혼 기간에 이처럼 먹거리로 싸우기 시작하면 서로에 대한 다른 장점을 보기 어렵다며.

어느새 딸들이 결혼하여 친정 엄마가 되는 나이가 되고 보니 예전과 참으로 다르다는 것을 알게 된다. 그래서 베이비부머의 신혼 시절을 떠올리게 된다. 그때만 해도 자유연애보다는 부모님이 종용하는 선을 보고 결혼을 했다. 양가 부모님이 있는 자리에서 대충 눈대중으로 보고 몇 달간의 연애 기간을 갖고 이내 결혼식을 올리고 부부가 된 친구가 대부분이다. 80년대 전후로 결혼을 한 시절이고 대부분 단칸방에서 시작한 경우가 많았다. 그리고 살림살이도 변변치 않아 솥단지 하나와 숟가락 2개로 시작했다는 친구도 있다. 물론 연탄으로 난방을 하고, 석유풍로에 솥밥을 하며 살림을 시작했다. 목욕탕도 없고 화장실도 요즈음 말하는 푸세식으로 집 밖에 있다. 지금 되돌아보니 어떻게 그런 시절을 어떻게 살았을까 하지만 불과 40여 년 전에는 그런 생활을 했었다.

그래도 불평 없이 살림을 하며 자식 낳아서 키우고 오늘에 이르렀다. 그런데 요즈음 결혼 세대는 당시와 비교하면 상상도 할 수 없는 편리한 주거공간에 살림도구는 물론 풍요로운 먹거리에 간편식까지 다양하다. 그래도 먹는 것 때문에 이혼까지 간다고 한다. 일을 한다는 명분으로 외식에 길들여져 있고 어쩌다 집밥이라도 먹으려 하면 누가 할 거냐로 신경전을 벌인단다.

요즈음 남자가 요리하는 것이 대세라지만 남자는 요리를 직업으로만 하는 것이다. 왜냐하면 남자는 제가 좋아하거나 아니면 성취와 연결된 수익을 바라보기 때문이다. 그러니 어쩌다 이벤트처럼 요리를 할지언정 여자처럼 오로지 가족 건강을 일일이 생각하며 음식을 만들지 않는다. 결국 여자는 오로지 가족을 향한 사랑의 마음으로 음식을 하는 것이다. 물론 처음에는 서툴고 어렵지만 가족 구성원에 적합하고 세상에도 없는 오로지 자신의 가족만을 위한 집밥 대가가 되는 것이다. 간편식의 대가라는 백종원 음식에 열광하면서 여자들은 저런 남편을 둔 여자는 얼마나 행복하냐고 하지만 그는 그저 인기를 누리는 장사꾼이다. 단순히 대중의 눈이나 입맛에 편한 것을 만들며 자기의 세를 과시하는 사업가일 뿐이다.

앞서 말했듯이 집밥은 어떤 음식이 아니라 어떤 마음으로 해주느냐 하는 것이다. 비록 보기에 초라해도 시간과 정성을 들여 오로지 가족 구성원의 특징을 생각하며 만드는 음식이 바로 집밥이다. 이런 엄마표 집밥은 단순히 육체에 영양을 공급해 주는 것을 넘어 거친 세상에 나아가 건강한 정신으로 바른 가치관을 실천하며 살고, 온갖 어려움을 극복하게 기도하는 영혼까지 담긴 것을 의미한다.

세상이 변했다지만 어떤 세상이 와도 자신을 온전히 희생하며 가정을 지킨 엄마가 결국 자식의 인생을 성공으로 이끄는 것이 아닐까? 이유는 하나님은 여자에게 그런 역할을 하도록 창조하셨기 때문이다. 다시 말하면 가족에게 음식을 제공해 신체와 정신을 튼튼하게 해주고 그 힘으로 세상에 나가 자기 성취를 이루라는 기도를 하면서 가정을 지키는 것이다.

그것이 하나님이 여자에게 주신 생명권이다. 하나님이 주신 아름다운 육체를 튼튼히 하고 하나님이 주신 정신력으로 공정한 사회를 만들고 미래를 향한 바른 영적인 분별력을 가지고 세상을 밝게 하는 것이 바로 생명력이 아닐까?

그래서 죽어서 천국으로 가는 것이 아니라 이미 세상에서 천국을 살아야 죽어서도 간다고 하지 않던가?

11
명절증후군?

대한한국은 1년에 2번의 명절이 있는 나라다. 365일 중 단 이틀 때문에 대한민국의 많은 여자가 애간장이 타서 못 살겠다고 아우성이다. 통계청이 최근 5년간의 이혼 통계를 조사한 결과에 따르면, 설과 추석 명절을 지낸 직후인 2월과 10월에는 이혼 건수가 바로 직전 달보다 평균 11.5%가량 높다고 한다. 이에 따라 해마다 명절을 쇠고 나면 제일 붐비는 곳이 가정법원이란다.

과거 대부분 직장인이 명절 특근을 기피해서 명절 근무수당을 2배로 올려주기까지 했지만 최근의 명절 특근은 없어서 못 하는 '황금 특근'이 되었단다. 명절만 다가오면 '아내의 추석 특근'은 인터넷 게시판에서도 뜨거운 주제가 된다. 한 40대 남성이 아내의 추석 특근을 비난했다. 아내가 지난 명절에 시댁으로부터 잔소리를 들었는데 이번 추석에 특근을 신청했다고 불만을 토로하는 글을 올렸다. 사실 얼마 전까지만 해도 명절 때 아내의 고생을 인정하며 미안해하던 남편들도 비난의 포문을 열었다는 것이 염려스러울 따름이다.

과유불급이라고 했던가? 그저 가벼운 투정으로 보아 넘기기에는 위험 수위를 넘고 있다. 명절이 시작되기 전부터 신문이나 방송, 매체마다 명절을 앞둔 여자들의 고달픔을 앞다투어 부각한다. 그리고 돕지 않는 남편을 비난한다. 그래서 명절을 앞두고 가족이 모이는 것에 대한 기대와 설렘도 전에 여자와 남자가 공개적으로 싸우는 것부터 시작된다. 그래서 오랜만에 가족들이 모여도 그저 누가 일을 더 하는지, 하지 않는지를 놓고 신경전을 벌이다가 가슴에 상처만 안고 헤어진다. 먹을 것은 풍요로운데 오래간만에 만난 식구들이 그날의 하루 수고 때문에 서로 싸우다가 결국 가정까지 파괴하는 이 사회의 명절증후군.

명절증후군이 생긴 이유는 많겠지만 3가지로 나누어 생각해 보았다.

첫째, 옛날보다 일이 서툴러졌기 때문이다. 예전에는 모든 집안일을 일일이 손으로 했다. 계절마다 장을 담그고, 때마다 김치를 담그고 국수도 빚으면서…. 예전의 어머니들은 입으로 밥이 들어가려면 손이 부지런해야 한다며 쉴 새 없이 움직였다. 그러나 현대에 들어와서 집안일을 대신하는 청소기, 세탁기 등의 편리한 제품이 차고 넘치고 음식을 요리하기보다는 간편식을 손쉽게 구할 수 있으며, 대체 식품도 많아졌다. 그래서 어떤 문화연구가는 현재의 편리성이 예전에 하인 30명을 쓰는 효과라고 말한다. 이렇게 편리하게 살다가 갑작스럽게 늘어난 일 자체를 감당하지 못하는 것이다.

둘째, 감사한 마음이 적어졌다. 예전에 어머니들은 명절에 산더미처럼 쌓인 일을 앞에 두고, 힘들지 않겠느냐고 걱정을 하면, 벌어오는 이도 있는데 음식을 만드는 일이 뭐가 어렵냐고 오히려 반문했다. 양식이 있어 모일 수 있는 가족이 있다는 것만도 그저 감사하다며.

셋째, 이 시대의 가치관이 변질되었기 때문이다. 뉴욕대 심리학자 얀 켈로비치는 "현대는 자기실현만이 올바른 삶의 방향이라고 공공연히 가르친 유일한 세대"라는 것이다. 그는 이런 현실은 "결국 자기 욕구만을 표현한 뒤집힌 세상"이라고 했다. 물론 자기실현이 절대 나쁘다는 것은 아니다. 그러나 무엇 때문에, 왜, 자기를 실현하느냐는 것이다. 자기실현도 누군가로부터 사랑을 받기 위해서이거나 혹은 누군가를 사랑하기 때문이다. 앞서도 말했지만 인간은 자신을 위해 무언가를 하는 이기적인 존재가 아니라 사랑하는 누군가를 위해 죽을힘을 다해 성취하려는, 이타적인 존재다.

1년에 딱 2번 있는 명절에 가족을 위해, 남편보다 혹은 형제자매보다 일을 좀 더 했다고 해서 너무 속상해하지 말라는 것이다. 내가 조금 힘들었지만 가족이 행복했다면 이는 가장 아름답고 위대한 자기실현이 될 수 있다. 공연히 봉사한다고 불특정 다수를 향해 돌아다니기도 하는 판에 가장 사랑하는 가족을 위해 1년에 2번 봉사하는 것이 그렇게 어려울까?
그러면서 선한 일을 한다고 밥 봉사를 위해 거리로 나서는 여자들의 심리는 무엇일까?

2부

옛날 옛적에
한국에서

12
나의 할머니

나의 외할머니는 1910년생이다. 지금으로부터 110여 년 전에 이 땅에 여자로 태어났다. 그녀는 16살에 시집을 왔다. 당시는 위안부 제도가 있어 조혼이 대세인 시절이었다. 어린 나이에 신부가 된 할머니는 17살에 큰딸인 나의 어머니를 낳고, 이후로 7명의 아들을 낳았다. 그런데 막내 삼촌을 낳은 지 얼마 지나지 않아 외할아버지가 돌아가셨다. 40대 후반에 과부가 된 것이다.

당시 큰딸인 나의 엄마도 사는 것이 변변치 않아 방학이 되면 초등학생이던 나를 할머니 댁으로 보냈다. 외할머니 집에는 결혼하지 않은 장성한 삼촌들과 중풍으로 자리에 누워 계신 증조할머니도 계셨다. 할머니는 새벽 5시면 일어나 우물물을 퍼 올려 쌀을 씻어 가마솥에 안치고 장작불을 피워 밥 짓는 것을 시작으로 하루 일과가 시작되었다. 당시 고등학교 교사였던 장남을 위시하여 나머지 여섯 삼촌들은 동이 트기도 전에 둥근 밥상에 둘러앉아 아침밥을 먹었다. 이어서 그들은 할머니가 싸 놓은 도시락을 들고 일터로 혹은 학교로 떠나면 안방에는 비워진 밥그릇이 수북한 밥상만 남아 있다.

건넌방에 누워 계신 증조할머니는 치매로 아기처럼 밥을 달라고 성화를 하시니 할머니는 서둘러 밥을 먹여 주었다. 그렇게 식구들을 먹이는 것을 끝낸 할머니는 설거지를 했다. 물론 우물가에서 쪼그리고 앉아 그 많은 그릇을 씻었다. 설거지를 마치는 시간은 대충 9시 전후였다.

다시 할머니의 손이 바빠진다. 식구들이 떠난 집 안을 정리하고 간밤에 수북이 쌓인 빨래를 들고 냇가로 갔다. 계절이 좋으면 냇가에 가는 것이 나쁘지 않지만 겨울에는 얼음을 깨고 빨아야 했다. 얼음 밑으로 흐르는 물에 손을 담그면 자지러질 만큼 차가운데 기어코 빨래를 마친다. 비록 뼈를 깎는 냉기에 손은 벌겋게 굳어 있지만 할머니는 종종걸음으로 빨래를 이고 집으로 돌아온다.

집에는 점심을 기다리는 식구가 있다. 때를 넘기는 것을 절대로 못 참는 증조할머니를 비롯하여 어린 손주들에게 점심을 차려주신다. 때로는 객식구도 있었다. 당시 할머니가 살던 충주는 충청도 중심도시였기에 주변 지역에서 사는 친척들은 큰 장을 보거나 행정적인 볼일을 보러 나오면 반드시 들리는 주막 같은 곳이다. 할머니는 있는 반찬으로 밥상을 차리지만 때로 수가 늘어나면 칼국수를 빚는다. 할머니는 폭 넓은 양푼에 밀가루를 힘주어 치댄 후 홍두깨로 쟁반처럼 넓게 펼쳐서 이내 마법처럼 칼국수를 만들어낸다. 할머니의 날렵한 손놀림에 따라 잘려

나오는 국수 가락이 서로 붙지 않게 어린 나는 밀가루를 뿌렸던 기억이
난다.

그렇게 칼국수가 만들어지면 할머니는 가마솥에 불을 지피고 멸치를
우린 국물에 칼국수를 끓여서 커다란 대접에 푸짐하게 담아 손님 접대
를 한다. 그렇게 고된 일에도 할머니의 입가에는 웃음이 떠나지를 않는
다. 왜냐하면 친척들이 들려주는 소식이 반가운 것 같았다.

그렇게 점심상을 물리고 나면 나는 할머니가 종종 걸인을 불러 밥상을
차려주는 것도 보았다. 당시 전쟁이 끝난 지 얼마 되지 않아 거리에는 걸
인이 행인만큼 많았다. 때가 되면 깡통을 들고 대문 앞에 서서 밥을 달
라는 각설이는 흔한 풍경이었다. 그중에도 할머니는 애를 업은 여인이
우선이었다. 할머니는 밥상을 차려내고 등에 업은 아이부터 받은 후 어
미부터 먹으라고 종용했다. 그러면 여인은 마파람에 게 눈 감추듯 먹어
치웠다. 엄마가 그렇게 밥 먹기를 마치면 할머니는 품에 앉고 있던 아기
를 엄마에게 건네며 젖을 물리라고 했다. 칭얼대던 아기도 엄마 품에서
찾은 젖꼭지를 맹렬하게 빨기 시작했다. 배불리 먹은 엄마는 이마에 땀
방울이 맺힌 것도 잊고 그저 행복한 모습으로 아기를 바라보았다. 할머
니는 그 모습에 혀를 찬다. 세상에 다 말라빠진 젖가슴에 뭐가 있다고 저
리 빨아대누. 그나마 저렇게 다 빨리면 어미는 또 얼마나 힘들까?

불과 50여 년 전 이 땅에 있던 풍경이다. 물론 나만의 독특한 경험이기도 하겠지만 그 시대에 유년기를 보낸 사람들은 그런 기억은 한두 개 있을 것이다. 모두가 참으로 가난했던 시절이었기에… 성경에는 과부와 고아, 그리고 이방인을 홀대하지 말라고 했다. 불과 60년 전에 이 땅의 여자들은 이처럼 고달픈 상황에서 식구들은 물론 객식구까지 먹이며 자식인 우리를 키워 낸 것이다. 물론 할머니는 기독교를 믿지 않았지만 그런 실천의 삶을 살았다는 것이 내 기억에 전설처럼 남아 있다.

그런데 요즘은 할머니들까지 제 식구 밥 해주는 것이 죽기보다 싫다며 거리로 쏟아져 나온다. 그리고 트로트 공연장을 쫓아다니며 손주 같은 가수에게 열광한다. 그 가수가 범죄를 저질러도 용서해주라고 아우성이다. 그러면서 자신을 위로해 주는 것은 그들뿐이라며. 더러는 자기가 추종하는 목회자를 따라다니며 선을 실천한다지만 진정 하나님이 원하는 것이 무엇인지는 아는지….

13
300배나 잘산다는데

할머니 나이가 되고 보니 유독 할머니가 생각난다. 사실 할머니는 나와 놀아 준 적도 없다. 내게 바른 행동과 언행을 보여 준 적도 없는 욕쟁이 할머니였다. 그래서 고작 10살짜리가 그런 할머니의 모습을 보며 나는 절대로 저렇게 살지 않겠다고 다짐을 했었다. 그래서 정말 할머니와 다르게 살았다. 나의 발전에 도움되는 것이라면 무조건 취했다. 더러는 속이고, 더러는 빼앗기도 하면서 성취욕에 불타 무조건 치고 나가면서 음지에서 차별받는 여성의 지위 향상이라고 의미를 부여하고. 마치 그것이 국가와 민족을 위한 투사인 양 낄 자리 안 낄 자리 들이대며 살았다. 단군 이래 최대의 호황을 누리며 스스로 성취한 세대라고 자부하면서 더 이상 여자라 못 하는 것이 없다고, 역사 아래로 억눌린 여성의 본질을 회복하여 인생 잘 살았다는 소리를 듣고 싶었다.

역사 이래로 최고의 성공 신화를 이룬 세대도 세월 이기는 장사는 없는 모양이다. 어느새 할머니 소리를 들을 만큼 나이가 들었는데 행복하다는 친구가 별로 없다. 90살을 넘기는 양가 부모님 때문에 힘들고, 장성한 자식들이 취업을 못 하고 집에 박혀 있고, 은퇴한 남편은 삼식이가 되어 잔소리를 해서 못 살겠단다. 지겨워서 여행이라도 가지 않으면 미칠 것 같다는 친구에 이어 보톡스를 맞아 퉁퉁 부어오른 친구가 말했다. 내 마음대로 할 수 있는 것은 이것뿐이라며…. 맛집에 모여 앉은 노년 여자들의 흔한 대화의 주제다.

그래서 문득 할머니가 생각났다. 내 나이 10살에 본 할머니는 전혀 다른 모습을 보여주었다. 10명 가까운 식솔을 먹이는 할머니는 중풍으로 수족을 제대로 쓰지 못하는 증조할머니까지 모셨다. 할머니에게는 시어머니인 증조할머니는 겨울이면 자리에만 누워 계시지만 봄날 햇볕이 좋으면 마당에 나와 앉아 계셨다. 어느 날 수수깡처럼 마른 증조할머니는 심기가 불편하신 것 같았다. 이유는 할머니가 기어코 증조할머니의 머리카락을 자르겠다고 내게 가위를 가져오라고 하신 것이다. 나는 얼른 가위를 가져갔다. 이번에 할머니가 안 자르면 나라도 나서서 자를 참이었다. 어린 내 눈에도 고달픈 할머니 일상에서 증조할머니의 긴 머리카락을 참빗으로 빗고 다시 쪽을 짓는 것이 보통 성가신 게 아니었다. 내가 가위를 들이대며 자르자고 엄포를 놓아도 증조할머니는 싫다고 떼쟁이 아이처럼 고개를 젓는다. 나는 할머니 손에 가위를 쥐여주며 강요했다.

'잘라요! 할머니가!'

하지만 할머니는 끝내 가위를 쓰지 않고 목숨처럼 아끼는 증조할머니의 머리를 다시 빗기고 비녀를 꽂았다. 그리고 말했다. "매일 누워 이만 키우는 머리카락을 왜 안 자르려 하시는지 참나…" 결국 증조할머니는 그 긴 머리를 간직한 채 세상을 떠났다.

내 나이 60을 훌쩍 넘긴 지금, 불과 50년 전 여인의 삶과 50년 후인 오늘을 살아가는 여인들의 삶이 이처럼 다를 수 있다는 것도 놀랍다. 50여 년 전 할머니와 달리 우리는 대부분 고등 교육까지 받았다. 운이 좋으면 대학 교육까지 받고, 더러는 남자와 경쟁하며 사회생활을 해냈다. 대부분 20대 중반에 결혼을 하고, 2~3명의 자식을 낳고 살면서 핵가족이 시작되어 시부모도 제대로 모셔 본 적도 없다. 폭발적으로 늘어나는 아파트에 온갖 가전제품을 들여놓고 된장, 간장은 물론 김치까지 상품화되어 주문만 하면 그날로 배달된다. 이제 여자도 밥하는 것에서 벗어나 자기 개발을 해야 한단다. 그래서 외식 산업이 급속히 발달하여 대한민국처럼 외식을 하는 나라가 흔하지 않단다. 그래서 누군가 집에 와서 한 끼 먹는 것도 부담스럽고, 명절에 상차림 때문에 이혼까지 한단다.

보톡스를 수시로 맞고, 몸에 좋다는 온갖 영양제 챙겨 먹고, 밥은 굶어도 운동은 거르지 않으면서 다진 몸매라 뒤에서 보면 처녀 같다는 소리에 들떠 있지만 앞에서 보면 누가 봐도 할머니인데…. 그럼에도 인생은 즐기는 거라며 아침에 카페에서 폼나게 브런치 먹고, 헬스하고, 점심에는 친구들이 추천하는 맛집에 가야 하고, 못해도 한 달에 두세 번 골프는 쳐야 하고, 못다 한 여행지 남미나 아프리카 가봐야 하는데….

누가 봐도 멋진 인생이라지만 그만큼 만족한지는 알 수 없다. 옛날 옛적에 대가족 식구들 밥 짓고 병든 시부모 수발까지 했던 할머니보다 행복한지는 알 수 없다. 오로지 가족을 위해 헌신한 할머니에 비해 오로지 나의 행복 추구를 우선으로 살아온 생이건만 여전히 만족하지 못한다. 몸이 쇠약해지는 나이에 접어들었어도 갈증이 더 심해지는 이유가 무얼까?

그러면서 닮고 싶지 않았던 여자의 일생을 살았던 엄마가, 그리고 할머니 생각이 간절하다. 대한민국 역사 이래로 여자의 3세대가 가장 다이내믹하게 변화한 세대가 분명하다. 1세대는 1910년대 전후로 태어난 여인, 베이비부머 할머니 세대다. 그녀들은 일제 강점기와 전쟁을 겪은 세대다. 그리고 2세대인 베이비부머 어머니 세대는 1930년대 전후로 태어난 세대다. 그래도 빼앗긴 나라를 찾는 해방의 기쁨이 있었지만 이어서 동족 간의 전쟁을 겪은 세대다. 그리고 3세대인 1953년 전쟁이 끝나고 태어난 베이비부머 세대다. 그런데 할머니, 어머니와 전혀 다른 시대를 천지개벽할 만큼 다른 삶을 산 베이비부머, 누구냐 너는?

14
긍휼함이 사라진 여자들

얼마 전에 전통 시장에서 본 장면이다. 전통 시장 입구에는 노년에 접어든 여인들이 조그만 나무 상자를 앞에 두고 야채를 판다. 만 원 내에서 거래되는 푸성귀가 올망졸망 놓여 있다. 그런데 입구에서 멋진 선글라스를 쓴 60대로 보이는 여인이 외제 차에서 내리더니 푸성귀 흥정을 하는 것이었다. 만 원인 야채를 팔천 원에 달라고 조르는 것이었다. 그러나 노인은 아침부터 힘들게 가지고 나온 것이라며 거절하자 그녀가 몇 번을 만지작거리던 야채를 그대로 두고 가버렸다. 그러자 노인은 되돌아서는 그녀의 뒤를 향해 차마 듣기에도 험악한 욕을 퍼붓는 것이었다. 그러자 모든 사람의 시선이 향하자 외제 차를 몰고 온 여인은 옆구리에 낀 명품 가방을 부여잡고 재빨리 차 안으로 들어가 사라져 버렸다. 이후로 노인의 악담은 오래도록 이어졌다. 물론 그 모습을 지켜보았던 행인들도 사라져버린 외제 차의 꽁무니를 향해 혀를 찼다. 돈 이천 원 깎자고 뭔 망신이야 하면서….

오늘날 노인의 두 모습이다. 새벽부터 나와 천 원이라도 벌겠다고 열심히 살고 있는 행색이 초라한 여인과 온갖 치장을 하고 명품을 휘두른 채 단돈 천 원을 깎아 보겠다는 여인. 억대 승용차를 굴리고 수백만 원의 가방이나 의상으로 치장했어도 시장에서는 한 푼이라도 깎아야 한다는 의식이 유독 강하다. 이는 천민의식이 내제되어 있기 때문이다. 비록 지금은 전혀 다른 배경인 것처럼 보이지만 시작은 같았다. 전쟁이 끝난 직후 폐허만 남은 땅에 태어났을 때는 모두 가난했었다. 국민소득 100불, 세계에서 최빈국의 위치에서 산업은 전무한 시대이니 부의 개념조차 없을 때 태어난 세대다. 그래서 오늘 어떻게 사는 것과 관계없이 무작정 깎아야 한다는 인식이 뼛속까지 배어 있는 세대다.

비록 명품으로 치장하고 외제 차를 몰고 다니고 성형을 했어도 하는 짓은 시장에서 장사하는 여인과 전혀 다를 게 없다. 차라리 장사하는 여인은 타인의 시선을 끌지는 않는다. 오히려 측은지심을 불러일으킨다. 왜냐하면 인간은 시기 질투하는 마음만 있기 때문이라고 솔로몬도 말하지 않던가? 또한 인간은 슬픔은 나누어도 기쁨은 나누지 못한다고 하지 않던가? 그날 장에 있던 구경꾼 모두 허둥지둥 외제 차로 달려가는 명품녀의 뒷모습을 향해 던지는 저마다의 악담이 오랫동안 귀에 맴돌았다.

자식을 품고 그 나이까지 살고 나면 여자는 하늘 무서운 줄 알게 된다. 이유는 남자에게 없는 자궁을 가진 여자이기에 긍휼한 마음을 가지고 있단다. 자궁의 어원이 긍휼이라고 하니 자궁이 없는 남자에게는 없

는 것이리라. 인도의 성인이라는 간디도 말하지 않던가? 노점상의 물건
은 절대로 깎지 말라고….

백화점도 아니고 대형마트도 아닌 전통시장. 파는 사람이나 사는 사
람이나 한 푼이라고 아껴볼 생각에 모여든 소시민이 주를 이루는 시장에
서 그저 명품으로 휘감고 자기 세를 과시하며 아무렇지도 않게 그 자리
를 떠나면 흔적도 없이 사라져버린다지만 하나님은 듣고 계신다고 한다.
그리고 그날 야채 장수의 분노한 소리를 듣고 대신 갚아주신다고 하시건
만…. 그래서 욕먹지 말라고 하건만. 누가 봐도 새벽부터 나와 몇 푼 안
되는 야채를 파는 여인과 온갖 명품으로 치장하고 그것을 깎아 보겠다
는 여인은 인간이 보기에도 분별이 되는데 하물며 하나님이 모르시겠는
가? 아마도 하늘 무서운 줄 알라고 하는 말이 바로 그런 의미일 것이다.
죽을 자리가 가까운 노인은 하늘의 소리가 더 잘 들린다고 하건만….

결국 노인이 되면 보여주는 내가 아니라 보여지는 나라는 존재가 중요
하다. 또한 나로 인해 영향을 받는 후손이 생겼다는 것이다. 자식을 넘
어 손주까지 둔 나이에 하늘 무서운 줄 모른다니…. 명품으로 치장하고
외제 차를 모는 것은 세상 사람들로부터 인정받고 존대를 받고 싶은 욕
구가 아니겠는가? 그런데 오히려 불특정 다수로부터 욕을 먹으니 이 또
한 슬픈 일이 아닐지. 지혜의 왕인 솔로몬도 사람들의 온갖 노력과 성취

는 사실상 그 동기가 다른 사람들에 대한 경쟁심과 시기심에서 비롯된 것임을 알았다고 했건만…. 하지만 그런 모든 수고 또한 헛되고 허무한 일이니 바람을 붙잡으려는 것처럼 부질없다고 했건만.

그래서 솔로몬이 쓴 전도서에서 말하지 않던가? "나는 또 세상에서 일어나는 모든 억압과 고통을 보았다. 억눌린 자들이 고통의 눈물을 흘려도 그들을 위로해 주는 사람이 없고, 학대하는 자들이 제멋대로 권세를 휘두르며 오래 살아 죄를 짓느니 차라리 태안에 죽는 게 낫다"고 하지 않던가? 장수 시대라고 들떠 있지만 그저 남보다 십수 년 더 살다가 남을 아프게 하면 아예 태어나지 못함보다 못하다는 것을 노인이 되어도 모른다니….

15
긍휼을 실천했던 나의 할머니

전통 시장에서 벌어진 사건을 보고 문득 할머니가 생각났다. 비록 할머니가 무학에 40살에 청상과부가 되고 병든 시어머니까지 모시면서 10식구를 때마다 밥을 해 먹이는 고단한 삶을 살았지만 결코 자신의 정체성을 상실하지 않았다. 그런 할머니를 한마디로 표현하라면 강자에게 강하고, 약자에게 약했다. 당시 동네에서 힘깨나 쓰는 남자도 할머니에게 어르신이라는 칭호를 쓰며 깍듯하게 대접을 했다. 나는 당시 동네주민들로부터 그런 대접을 받는 것이 그저 노인에 대한 예의인 줄 알았다. 그러나 나의 할머니에게만 해당된다는 것을 뒤늦게 알게 되었다. 예나 지금이나 타인으로부터 어른 대접을 받는 것은 그저 나이만 먹어서 되는 것이 아니었기 때문이었다.

새벽부터 시작된 할머니의 고된 하루는 점심까지 차리고 나면 정오의 해도 2시를 향해 기운다. 그때부터 할머니의 몸단장이 시작된다. 먹거리 준비를 위해 장을 보러 가기 위해서였다. 전통시장은 불과 걸어서 20여 분 거리에 있었다. 비록 그렇게 가까이 있는 시장이지만 할머니는 그냥 집을 나서지 않았다. 할머니는 오랜 손때로 반질반질 윤이 나는 화장 문갑을 무릎 앞에 놓고 앉는다. 보잘것없는 작은 상자형의 화장 문갑을 열면 뚜껑 안쪽에 거울이 달려 있고, 그 안에는 참빗과 동백기름과 자질구레한 소품이 들어 있지만 할머니에게 가장 귀한 보물 같은 것이었다. 할머니는 비녀로 쪽진 머리를 풀어 양 갈래로 나누어 올이 촘촘한 참빗으로 빗질을 한다. 그리고 동백기름을 발라 윤을 내고 이어 갈라진 머리를 합쳐 머리 하단에 붙여 비녀로 마무리한다.

그렇게 단장을 마친 할머니는 오이 같은 작은 발에 하얀 무명 버선을 힘주어 신고 벽에 걸려 곱게 다려져 준비된 한복을 입는다. 화려하지는 않지만 어린 내 눈에도 아주 단정하다는 느낌을 받았다. 여름이면 하얀 모시 한복을 빳빳하게 풀을 먹이고 다려 입었다. 그 많은 식구의 세끼를 차리느라 분주한데 언제 저런 것을 준비해 둔 건지. 아무리 생각해도 지금의 내 상식으로는 불가사의한 일이었다.

단장을 마친 할머니는 마루로 나와 댓돌 위에 얌전히 놓여 있는 하얀 고무신을 신으며 내게 해야 할 일을 일러준다. 증조할머니가 부르면 얼른 달려가라는 당부와 담장 밑에 각종 꽃이 심겨져 있는 꽃밭에 물을 주고, 마루에 걸레질을 하고 마당을 쓸라고 하신다. 나의 입이 쑤욱 튀어나온 것을 보고 할머니는 내가 좋아하는 자두를 사 온다고 하시며 대문을 나선다.

간혹 할머니를 따라 시장에 가기도 했다. 그래서 할머니의 동선이 눈에 선하다. 집에서는 온갖 험한 욕을 하고 집안일을 하느라 분주했던 몸이었는데 하얀 모시 한복에 하얀 고무신을 신고 걷는 발걸음은 천상 양반집 규수다. 할머니가 우아하게 걸어서 시장에 들어서면 할머니의 단골 상인들은 할머니를 극진히 대접한다. 할머니는 일단 아기를 업고 나온 여인의 물건을 먼저 사고 특히 좌판을 깔고 장사를 하는 물건은 절대로 깎지 않았다. 그래서 나도 할머니 따라 장에 가고 싶기만 했었는데…. 내게 숙제만 잔뜩 주고 떠난 할머니가 미워서 하고 싶지 않지만 더러는 하기도 하고 더러는 하지 않고 있으면 어느새 할머니가 양손에 찬거리를 가득 들고 대문을 들어선다.

할머니는 양손에 가득 채워진 장바구니를 들고 대문을 들어서며 매의 눈으로 집 안을 훑어보신다. 내게 준 숙제를 잘 마쳤는지. 물론 내가 그것을 제대로 했을 리 없다. 그래도 할머니가 올 즈음 엉덩이를 치켜세우고 마루에 걸레질을 했었다. 할머니는 물기도 마르지 않은 마루에 풀썩 주저앉는다. 아마도 양손에 장바구니가 보통이 힘이 든 게 아닌 것 같았다.

그리고 마침 걸레까지 들고 있던 나를 바라보며 한마디 던진다. '망할년. 마루를 닦으랬지, 물 바르래!' 하셨지만 나는 들고 있던 걸레를 팽개

치고 달려가 할머니의 장바구니부터 뒤진다. 어김없이 내가 좋아하는 자두가 들어 있다.

할머니는 이처럼 안과 밖이 달랐다. 험한 집안일로 자신을 돌볼 수는 없지만 일단 대문을 나서면 그런 험한 내 꼴을 절대 남에게 보이지 않으려 했다. 어쩌면 겉과 속이 다른 것이 아니라 스스로 자신의 자존감을 높이는 겉과 속이 같은 것이다. 우리 말에 '안에서 새는 바가지 밖에서도 샌다'고 했다. 밖으로 돌며 명품이나 외제 차를 타고 과시하면서 눈총을 받는 그대로 집 안에서 가족들로부터 그런 대접을 받고 있는 것은 아닐지.

할머니가 되어 할머니를 생각하니 비록 배운 것도 없고 가난하지만 많은 식구를 먹이느라 고단한 삶을 살았어도 세상 누구보다 존귀한 모습으로 기억되었다. 인간이 차마 해낼 수 없을 것 같은 상황에서도 결코 품위를 잃지 않고 약자를 향한 긍휼함도 몸소 실천했다는 것을 알게 되었기 때문이다. 그러니 동네 사람들도 할머니에게 경의를 표하는 것이다.

어느새 할머니가 된 내게 할머니의 기억이 점점 더 선명해진다. 내게 그다지 살갑게 해준 적도 없던 할머니인데 새록새록 생각난다. 멋진 우리 할머니….

16
오로지 자식을 위해서

전통 시장에서 벌어지는 할머니들의 양분된 행태를 보면서 국민소득 100불 시대에 우리 할머니가 가졌던 품위는 사라져 버렸다. 분명 베이비부머가 교육 수준도 높고 먹고사는 형편이 무려 300배나 높은데도 약자를 향한 긍휼함을 몸소 실천했던 나의 할머니와 같은 기품은 찾아볼 수 없다.

오늘날 그런 할머니의 부끄러운 모습을 보는 날이면 여지없이 옛날 옛적 우리 할머니 생각이 난다. 새벽부터 식구들을 먹이려고 고달프게 움직인 할머니가 저녁이 오기 전에 찬거리를 사러 장에 가는 것이 유일하게 집을 벗어나는 외출이었다. 장에서 돌아온 할머니는 양손에 들려진 장바구니를 내려놓고 후다닥 옷부터 갈아입었다. 저녁밥을 짓기 위해서였다.

저녁은 당연히 꽁보리밥이거나 죽이다. 당시의 보리는 겉보리가 있는 상태라 넓적한 옹기에 놓고 손바닥으로 수없이 비비는 것이 먼저였다. 할머니는 우물가에 앉아 손바닥이 얼얼하도록 비벼서 부드러워진 보리를 씻어 가마솥에 삶았다. 할머니 표현에 의하면 푹 퍼지도록 오래 삶아야지 그렇지 않으면 깔깔해서 먹을 수가 없다고. 그렇지 않으면 죽이었다. 할머니는 한 사람이 먹을 양으로 열 사람이 먹게 했다. 열 식구가 넘는 대식구를 먹이려고 한 공기도 안 되는 쌀을 가마솥에 넣어 물을 가득 붓고 푸성귀와 된장을 풀어 오랫동안 저어가며 부풀리고 부풀리는 마술을 부렸다. 나는 할머니 곁에 쪼그리고 앉아 그 구수한 냄새에 취해 입맛을 다지고는 했다.

해가 지면 낮 동안 흩어졌던 가족들이 하나둘씩 모이고 이내 둥근 밥상에 둘러앉아 할머니표 저녁을 맛나게 먹었다. 당시 전기가 부족해서 날만 지면 세상은 암흑천지였다. 지금처럼 높은 건물도 없고 당연히 가로등도 없다. 오로지 가정집의 작은 창에서 흘러나오는 전구 빛이 전부였다. 그래도 굴뚝에서 연기가 나오고 창밖으로 전구 빛이 나오면 행복한 저녁을 맞는 집이었다. 세상이 아무리 어두워도 낮은 천장에 매달린 전구에 의지하여 온 식구가 둘러앉은 할머니표 밥상이 천국의 음식처럼 달고 맛있었는데….

그렇게 저녁상까지 차리고 우물가에서 설거지까지 마친 할머니의 하루 일과는 끝이 아니었다. 할머니는 식구들의 헤진 옷가지를 수선한다. 거친 일로 뭉툭해진 손가락으로 바늘에 실을 꿰어 둥근 전구에 양말을 씌워 구멍을 메우던 것이 기억에 남아 있다. 그때 나도 곁에서 할머니가 준 헝겊 쪼가리를 가지고 몇 땀 흉내를 내다가 이내 휙 내던지고 조른다. '할머니 옛날 얘기 해줘요' 그러면 할머니는 마치 준비된 기계처럼 바로 이야기가 흘러나온다. '옛날에 옛날에…' 물론 수도 없이 들은 이야기이지만 내 귀에는 마냥 재미있는 이야기였다. 나는 어느새 잠이 들었던 모양이다. 눈을 떠 보니 바닥에서 뒹굴던 나는 이불 위에 뉘어져 있었고 그때까지 할머니는 앉아 있다. 하지만 손에 들린 것이 바느질감이 아니라 반야심경이었다.

반야심경은 할머니가 읽는 불경이었다. 고단했던 하루를 마무리하고 잠자리에 들기 전에 펼쳐 들었다. 손바닥보다 조금 큰 반야심경은 오랜 세월 할머니 손에서 누렇게 빛이 발하고 겉지와 속지는 헤지고 낡았지만 할머니에게 가장 귀한 보물 같은 것이었다. 할머니는 펼쳐 들고 읽어 내려 가지만 이미 오래전에 다 외워서 그저 주술처럼 술술 흘러나온다. 문득 눈을 떠 보니 내 곁에 할머니가 있어 나는 안심했다. 하지만 돋보기가 할머니 코에 걸려 있는 것을 보니 졸고 계신다. 새벽부터 그리도 고단한 하루를 보냈지만 자손을 위한 기도로 마무리를 거르지 않는 할머니였다. 하지만 밤은 깊고 할머니의 소리도 멈춘 세상은 너무도 고요했다. 나는 문득 외로웠던 모양이었다. '할머니 나 배 아파요' 그러자 할머니는 떨어진 고개를 얼른 들고 내 배를 쓸어준다. '할머니 손은 약손, 할머니 손은 약손…'

할머니는 1910년대에, 그 할머니의 3대인 나는 1950년대 이 땅에서 태어났다. 고작 40년의 차이로 이처럼 천지개벽한 세상을 살고 있는 우리는 어떤 할머니로 기억될지…. 그 할머니 때문에 이 나라가 300배의 성장을 따라오며 3대인 우리가 그 혜택을 톡톡히 누린 셈이다. 선대의 선행과 악행이 대물림한다고 하지 않던가? 누가 무어라 오늘날 베이비부머는 분명 할머니와 어머니의 고통을 먹고 자라 오늘에 이른 것이다. 다시 말하면 그들의 가족을 향한 뼈를 깎는 선행으로 된 것이라면 과연 베이비부머는 어떤 것을 후손에 물려주게 될까?

현재 M세대는 베이비부머의 자식 세대이고, Z세대는 손주 세대다. 베이비부머인 내가 할머니로부터 이어진 3세대로 우리 할머니를 기억하는 마지막 세대인 셈이다. 결국 나는 자식에게 그런 과거의 기억을 물려주어야 할 의무가 있는 세대이기도 하다. 흔히 새로운 세대는 지나간 것으로 의미가 없다지만 칼 융은 과거를 알아야 미래를 안다고 했다. 그는 우리 정신도 신체와 마찬가지로 유전자가 조상 대대로 내려온다고 한다. 그렇게 전통적으로 내려오는 정신이나 문화를 무시하면 결국 파멸로 간다며 융은 그의 자서전에서 다음과 같이 설명한다.

"옛것이 한 번 파괴되면 그것은 대부분 아예 없어지고 만다. 그리고 파괴적인 전진은 결코 그칠 줄 모른다. 하지만 그것은 과거와 현재를 잇는 관계성 상실과 근원의 단절로 '문화 속에 짜증'과 성급함을 초래한다. 그리하여 사람들은 발전의 역사가 전체적으로 완성되지 않은 현재와 불확실한 미래를 향해 황금시대가 오리라는 터무니 없는 약속에 의지한다. 그로 인해 사람들은 점점 깊어지는 결핍감과 불안, 초조감에 사로잡힌 채 새로운 것을 향해 아무 제지도 받지 않고 돌진하고 있다. 사람들은 현재에 소유한 것으로 살지 않고 미래의 약속에 의지하며 살고 있으며, 현재의 빛 속에 살지 않으며 미래의 어둠 속에 살고 있다. 사람들은 그 어둠 속에서 적절한 때에 해가 솟아오르기를 기대하고 있다. 사람들은 오늘의 좋은 것은 과거의 고통에서 얻었다는 것을 인정하지 않으려 한다. 이런 과거의 단절과 과학 문명의 눈부신 발전은 인간에게 끔찍한 재앙을 가져온다는 것은 두말할 필요도 없다. 아버지의 아버지들이 찾던 것이 무엇인지 알지 못하면 못할수록 인간은 그만큼 자신을 이해하지 못하게 된다."

결국 인류의 발전은 관계의 영속성을 의미한다. 관계의 영속성은 바로 조상으로부터 내려온 과거를 바탕으로 현재를 살아내야 인류의 발전이 온다고 하는 것이다. 그러나 융은 현대인은 과학이라는 이름으로 혹은 실용이라는 명분으로 부모 자식 간에 단절을 부추긴다고 한다.

특히 문명의 역사가 짧고 급격한 성장을 이룬 시대를 산 대한민국 베이비부머는 이런 역사의 기로에 서 있는 세대이다. 아마도 단군 이래로 가장 급격한 변화를 이룬 세대로, 단 1세기 만에 문화나 정신 등이 천지개벽할 수준으로 변화된 과도기 세대다. 그러므로 급격한 성장과 함께 가난하고 고통받았던 과거와 단절을 주도하고 오로지 미래를 향한 장밋

빛 인생을 부르짖으며 나아간다면 결코 그런 미래는 오지 않는다.

분명한 것은 지독한 가난에서 오로지 생명을 소중히 하며 자신들을 온전히 후손에게 올인한 이 나라의 할머니와 어머니였다. 그런 할머니와 어머니를 기억하는 베이비부머는 비록 그들과 전혀 다른 삶을 살았지만 그것을 경험한 마지막 세대다. 그런 아픈 역사를 몸소 실천한 할머니와 어머니에게 그런 정신이 있었다는 것을 경험한 유일한 세대이지만 그런 정신을 자식 세대인 MZ세대에게 물려주지 못하면 나라의 미래가 어둡지 않을까?

하나님은 모르고 저지른 죄는 용서하지만 알고 저지르는 죄는 용서하지 않는다고 하셨다. 우리는 지난날 할머니와 어머니가 얼마나 힘들게 살았는지 유일하게 아는 세대이다. 그럼에도 그런 과거를 무시한다면 결코 후손을 위한 미래가 없다고 하건만….

대한민국 베이비부머 세대는 단군 이래로 가장 풍요를 누린 세대지만 정작 후손에게 남겨줄 것이 없다면 이 또한 불행이 아닐지….

17
어떻게 그렇게 사느냐고?

대부분의 현대인들은 이제 인간은 더 이상 그렇게 살 수 없다고 잘라 말한다. 그러나 지구촌의 환경은 하루도 순탄하게 간 적이 없다. 더구나 코로나로 인해 세상은 2차 대전 이후로 최악의 상황에 직면했다고 한다. 눈에 보이지 않는 적과 싸우면서 2차 대전에서 죽은 사람보다 더 많았다고 한다. 3년이라는 공포의 시간이 지나 예전처럼 돌아가려나 했는데 느닷없는 전쟁이 발발하고, 상상을 초월하는 기상 악화로 전 세계는 다시 예측할 수 없는 상황으로 빠져든다.

1945년 2차 대전이 끝나고 세계는 엄청난 과학의 발달과 경제 발전을 이루며 풍요의 시대를 살았다. 그래서 인간은 무엇이든 하면 된다는 자기 과시의 시대를 살면서 미래 예측을 하며 계획된 삶을 살 수 있다고 생각했는데 이처럼 한순간에 예측이 불가능한 사건들이 전 세계를 강타했다. 이렇듯 인류 역사는 문명의 발달과 소멸의 반복된 과정으로 이어져 왔다. 특이한 것은 문명은 오랜 시간에 걸쳐 이루지만 소멸은 한순간에 이루어진다. 그래서 불가사의한 곳에 문명의 흔적이 남아 있는 것을 본다. 고원지대의 잉카 문명이나 사막의 파라미드, 늪지에 앙코르와트 등은 전혀 인간이 상상할 수 없는 지역에 남아 있는 흔적을 보고 놀란다.

아니 어떻게 이런 지역에? 당시 그런 문명이 형성되는 조건이 발생했다가 순식간에 그런 조건이 파괴되면서 그동안 인간이 쌓아온 문명이 신기루처럼 사라져 버린 것이라. 이런 문명의 흔적과 그런 가운데 살아난 사람이 있기에 인간의 역사가 이어져 내려오는 것이다. 최악의 상황에서도 인간은 살아남는 힘이 존재한다.

그래서 정신의학자, 빅터 프랭클 박사는 『죽음의 수용소』를 통해 이런 글을 쓴다.

"수용소 생활을 경험한 의사인 나는 그동안 교과서에서 공부했던 것이 다 거짓이라는 사실이었다. 교과서에는 사람이 일정 시간을 자지 않으면 죽는다고 적혀 있다. 하지만 이것은 완전히 틀린 말이다. 그때까지 나도 세상에서 정말로 할 수 없는 일이 있다고 생각했었다. 이것이 없으면 잠을 잘 수 없고 혹은 저것이 없으면 살 수 없다는 식으로 생각해 왔었다.

아우슈비츠에 도착한 첫날 밤에 우리는 여러 층으로 이루어진 침상에서 잠을 잤다. 각 층은 길이가 210센티이고 폭이 25센티인 곳에 무료 9명이나 되는 사람이 겹쳐서 자면서 담요는 단 두 장뿐이었다. 우리는 몸을 옆으로 겹쳐서 붙인 채 꼼짝도 못 하고 잠을 자야 했다. 신발을 잠자리에 갖고 들어오는 것이 금지되고 있지만 간혹 흙이 잔뜩 묻은 신발을 숨겨 들어와 베개 삼아 잠을 자기도 했다. 그렇지 않으면 뼈만 앙상한 팔베개를 해야 했다. 그럼에도 신기하게도 잠이 밀려왔다. 그리고 그런 잠일지언정 그 시간만큼 우리에게 고통을 잊고 안식을 취할 수 있는 시간을 가져다주는 것이다.

당시 우리가 얼마나 많은 것을 견뎠는가 하는 것을 보여주는 놀라운 사례가 많다. 수용소에서는 이를 닦을 수가 없다. 더구나 심각한 비타민 결핍증에 시달리고 있었다. 하지만 잇몸이 그 어느 때보다 건강했다. 셔츠 한 벌로 반년을 입다 보면 형체가 없어진다. 수도관이 얼어서 세수는커녕 손조차 씻을 수가 없었다. 또한 흙 일을 하다가 상처가 나도 곪는 법이 없다. 수용소에 들어오기 전에 불면증이 있거나, 곁에서 바스락대는 소리에도 잠을 깨는 예민했던 사람도 있었다. 그런데 수용소에서 그런 사람들도 겹쳐 자는 동료의 코 고는 소리가 바로 귀에서 들려도 깊은 잠을 잤다. 도스토옙스키는 인간은 어떤 상황에 적응할 수 있다고 했다. 물론 수용소 생활을 하기 전에는 말이 안 된다고 했지만 수용소 생활을 하면서 우리는 그 말이 맞느냐고 묻는다면 당연하다고 대답할 것이다."

빅터 프랭클의 이런 말을 듣고 정말 공감할 수 있을까? 하지만 그런 현장을 경험한 빅터 프랭클도 그 방법에 대해서는 알 수가 없다고 했다. 유태인인 그는 죽음의 수용소로 불리는 아우슈비츠 수용소에서 3년간 고통을 겪으며 살아남았다. 그의 아내는 물론 직계 가족 모두 강제수용소에서 죽고 유일하게 프랭클만 살아남았다. 그렇게 상상할 수 없는 극한의 상황을 경험하면서 그는 인간은 두 부류로 나뉘어진다고 말했다. 어떠한 상황에서도 기품을 잃지 않는 사람들과 반대로 절제되지 않고 무질서한 삶을 사는 사람들로 말이다. 인간이 모든 것을 빼앗기는 처절한 상황에서 남은 것은 오로지 인간이 가지고 있는 것 중에 마지막 자유는 자신의 태도를 취할 수 있다는 것이다. 인간이 살 수 없는 최악의 상황에서 가장 인간다운 기품이 나온다는 역설이다. 인간이 개, 돼지와 다른 것은 돼지우리에서 오히려 인간의 기품을 발현한다는 것 아닐까?

어떠한 상황에도 인간이 살아남아 오늘까지 인류 역사를 만들어내는 이유이기도 하다. 최악의 상황에서도 자신의 태도를 취할 수 있는 마지막 자유를 가진 인간은 왜 살아야 하는지 알아야 그 어떤 상황에서도 견뎌낼 수 있단다.

대한민국이 단군 이래 최대 호황을 누린다고 한다. 그래서 이제 선진 국가 수준으로 최대의 행복을 누리겠다는 기대치가 최고조에 다를 즈음 세상은 다시 급변하고 있다. 모두가 허리띠를 풀고 느긋해질 즈음 갑자기 상상을 초월하는 전염병이 돌더니 다시 전쟁의 기운이 돈다.

최악의 경제 상황에서 태어나 60년 만에 최고의 경제 상황에 오른 지금, 경제의 주역이었던 베이비부머의 은퇴가 시작되었다. 무려 800만명이 쏟아져 나온다고 한다. 산이 깊으면 골이 깊다고 했나? 분명 변곡점에 이른 것이다. 세상 살아봤다는 노인의 느낌으로 다시 위기가 올 것 같다. 그러나 위기는 또 다른 기회일 수도 있다. 위기를 겪어 본 자만이 위기를 극복할 수 있다. 또 위기를 극복하는 것은 원칙을 회복하는 것뿐이다. 그동안 부풀리고 키우느라 그런 원칙은 이미 소멸된 지 오래되었지만 대한민국 위기를 겪은 마지막 세대 베이비부머가 해야 할 숙제가 아닐지.

18
꿈을 이루었다지만 남겨줄 모성이 사라졌다

흔히 한국 사람은 어머니를 기억하는 민족성을 가지고 있다고 한다. 다시 말하면 부성에 지배를 받는 것이 아니라 모성의 지배를 받으며 나라의 근간을 이루어 왔다고 한다. 하지만 현대에 이르러 5천 년을 이어온 모성이 급격하게 약화되고 있다. 물론 자기 발전이라는 시대적인 요구는 당연하다지만 상대적으로 약해진 모성시대를 바라보며 노년에 접어든 베이비부머 세대에게 모성은 어떤 의미였는지 생각해 보았다.

1948년 해방이 되었다지만 정국은 극도로 혼란하고 가난은 끝이 없었다. 그런 상황에 민초들은 의지할 데 없어, 다시 사상으로 갈리고 이어서 민족 간에 총부리를 겨누며 3년이라는 긴 전쟁 끝에, 결국 나라는 둘로 갈라지고 말았다. 지금으로부터 불과 70여 년 전 일이다. 당시 국민소득이 100달러로 세계에서 가장 가난한 나라로 기록된다. 그런데 2019년 국민소득 3만 불 고지에 올랐다니, 60여 년 만에 300배의 성장을 한 셈이다. 그래서 세계 역사에 유래가 없다고 한다.

그 이유를 누구는 한 지도자 때문이라고 하고, 누구는 베이비부머 세대의 역동성 때문이라고 하지만 나는 그 시대에 어머니라는 이름으로 살아낸 여자들에게 공을 돌리고 싶다. 대물림하는 가난에서 무기력하고 권위적인 남편을 받들고 많은 자식을 키워낸 그 어머니가 바로 성장의 동력이라고 나는 생각한다. 무에서 유를 창출하여 오늘의 성공을 이끌어낸 자식을 둔 어머니. 그래서 베이비부머 세대는 어머니에 대한 기억이 남다르다. 어머니의 가족을 향한 철저한 희생으로 오늘의 내가 되었다는 것을 누구보다 잘 아는 세대이기 때문이다.

베이비부머 세대, 유년에 그런 가난의 기억을 간직하고, 불과 60년 만에 천지개벽처럼 부흥을 이룬 세대답게 자기 성취도도 높다. 그래서 성공 신화에 매여 무엇이든 하면 된다는 의식에 젖어 있다. 그래서 60살이 될 때까지 그 지독한 가난이 마치 없었던 것처럼 잊고 살았다. 특히 여자들은 전통적인 지독한 남녀 차별의 최대 희생자라며 절대로 엄마처럼 살지 않겠다고 자기 개발에 전념한 세대다. 전통적인 현모양처는 개나 줘버리라며 더 이상 남자에게 굴종된 삶이 아닌 자기의 삶을 개척해 보겠다는 야심찬 세대다. 그래서 더 이상 오빠나 남동생에게 밀리지 않겠다며 여자들도 밥을 굶어도 공부를 하겠다는 학구열로 대부분 고등 교육까지는 받았다. 70년대부터 대학을 진학하는 여자들도 급격하게 늘면서 나름 전문가 대열에 합류했다.

그러나 그들이 사회진출을 하는 1980년대 전후로 다시 나뉜다. 직업이 있는 여자와 직업이 없는 여자다. 고등학교 학창시절을 함께 보냈지만 누구는 대학을 가고, 더하여 누구는 남자처럼 사회활동을 하며 남자보다 더 출세한다. 여자라는 이유로 집에서 살림하는 것은 죽기보다 싫었기에 죽을힘을 다해 공부를 했다지만 당시 사회는 여자에게 여전히 진입장벽이 높았다. 남자보다 성적이 좋아도 취업이 안 되었다. 그래서 주부로 사는 갈등은 더 커진다. 누구는 운이 좋아 사회활동을 하는데 나는 운이 없어 시댁 눈치 보고, 남편 밥이나 해주고 애나 키우고 있다니.

그렇다고 가만히 있을 내가 아니라며 주부로서 가정의 주도권을 잡았다. 나라 경제가 부흥하자 남편은 해외로 나가는 날이 많고 야근을 밥 먹듯 하며 가정에 소홀하니 자식 교육은 물론 경제권까지 거머쥐었다. 그래서 자식 교육을 주도적으로 선도하며 차별화를 해나가면서 한편으로는 개발이라는 반사이익으로 부동산이 오르기 시작하자 주변에서 얻은 정보로 부동산 투기에 나서고, 더하여 주식 투자도 하며 남다른 수익을 내기도 했다. 정말 하면 모든 것이 되는 것을 몸소 실천하는 시절을 산 것이다. 그래서 쥐꼬리만 한 월급에 매여 사는 친구들이 더 이상 부럽지 않다. 그런 기세로 80년대 급격히 대형화되는 교회에 뛰어들어 집사에서 권사로, 구역원에서 구역장으로, 이어서 교구장 더 나아가 여전도 회장까지 도전한다. 체계적인 전문 지식이 없어도 조직 장악력을 익힌 여자들은 정치에 뛰어들기도 하고, 뒤늦게 공부를 한다고 하기도 한다.

한국 경제가 폭발적으로 성장하면서 정도의 차이는 있지만 이처럼 여자도 자기 성취의 시대를 살아온 것이다. 남자와 경쟁해서 전문 직업인으로 살았든, 온갖 독설을 뿜으며 정치판에서 살아남았든, 혹은 전업주부로 살았든 간에 온전히 가정에만 매여 살았던 과거의 어머니와 차별화된 삶을 살았다. 그렇게 가정에만 매여 자신의 인생은 없고 무시만 당하던 엄마처럼 안 살아 보겠다고 다른 방법으로 살았는데 60고개를 넘고 보니 늙은 것만 같아졌다. 영양제 먹고, 성형하고, 운동하며 몸매 관리한다지만 남이 보이지 않는 곳은 이미 삐그덕대며 앉고 설 때마다 '아이고' 소리가 절로 튀어나온다.

그런 것 잊어보자고 친구들과 맛난 것 먹으며 실컷 놀다가 집으로 들어가는 발길은 무겁다. 남편은 소파에 시체처럼 누워 텔레비전을 보고 있고, 아들은 제방에서 컴퓨터만 들여다볼 뿐 누구 한 사람 아는 척을 하지 않는다. 사람들과 어울려 지낼수록 집으로 돌아와 홀로 있는 시간이 더 외롭게 느껴져 잠을 이룰 수가 없단다. '사는 게 뭔지… 이러고 100살을?' 생각하면 한숨이 절로 나온다. 문득 엄마 생각이 나서 눈물을 주르륵 흘린다. 방구석에 문을 닫아걸고 아는 척도 않는 내 새끼는 나만큼 엄마를 기억해 줄까? 하며….

남자는 성취력만 가지고도 살지만 여자는 관계가 끊어지면 심하게 우울하단다. 모성? 별거 아니다. 어머니가 소원했던 것을 자식이 이루게 하는 힘, 더하여 그 자식의 기억에 그런 어머니가 있었다고 기억하는 것이 아닐까? 특히 엄마가 자기 성취보다는 오로지 자신을 희생해서 가정을 이끌었다는 것을 자식이 알 때 결코 헛된 인생을 살지 않았다는 것이다. 그래서 여자에게 자기 희생의 모성이 모든 것을 이루게 하는 원천이건만….

3부

또다시
위기가 찾아오는
지구촌

19
위기를 감지하는 여자의 능력

여자는 가정을 지키고 남자는 나라를 지킨다고 한다. 가정은 공동체의 기본 단위다. 한 가정을 단위로 흩어져 정착해 나가는 것을 '디아스포라'라고 한다. 유대교에서 나온 용어로 비록 나라가 없어도 가정이라는 공동체를 굳건히 하면 어디에 있든 두려울 것이 없단다. 그 어떤 민족보다 고난과 역경을 받았지만 유대인의 디아스포라 정신은 지금껏 살아남아 전 세계에 흩어진 유대인의 지배력이 점점 더 확대되고 있다. 하나님은 인간을 창조하시고 가장 먼저 인간에게 가족을 만들어 주셨다. 아담에게 배필을 주고 아담은 가족을 위해 땀 흘려 일하고 여자는 고통을 겪으면서 자식을 낳으라고. 그리고 생육하고 번성하라는 명령과 함께. 그것이 디아스포라 정신이다.

현대 사회에서 발생하는 문제나 국가 간의 분쟁도 불안정한 가정에서 비롯된다. 바른 가정이 인간에게 주어진 안전지대다. 그럼에도 개인은 물론 국가 주도로 가정이 해체되는 시스템이 가속되고 있다. 더구나 대한민국은 전통적으로 가족주의가 강한 나라였다. 흔히 전통에 지배받는다고 하지만 성향 덕분에 그런 전통이 형성된 것이다. 다시 말하면 국민 DNA가 그런 성향이라 가족주의가 전통으로 형성된 것이다. 현재 서구 문명으로 인한 개인주의가 대세라니까 우리 몸에 맞지 않는 옷을 입은 채로 참고 있는지도 모른다.

제1, 2차 세계대전을 전후로 세계에 영향력이 커진 미국의 패권주의를 추종하는 나라가 많았지만 21세기는 나라별로 자기의 것을 찾아 분열하는 모양새다. 민주주의보다는 사회주의에 가까운 유럽이 있다면 공산주의를 바탕으로 한 중국식 자본주의가 있다. 이제 세계 각국은 미국이라는 거대 자본주의에서 이탈하며 나라의 행복 유형을 독자적으로 찾아가고 있다. 20세기는 오로지 경쟁하고 대립하며 쌓아 올린 물질문명으로 인해 인간관계가 파괴되고 가정마저 해체되었다.

그러나 최근 젊은이들은 작은 것에 행복을 느끼며 관계의 소중함을 갈구하기 시작했다. 슬픔을 나누기는 쉬워도 기쁨을 나누기는 어렵다고 하지 않던가. 온전히 내 기쁨을 함께 나눌 수 있는 것은 가족뿐이다. 이유는 가족은 유일한 공동운명체이기 때문이다.

요즈음 나 혼자 사는 것이 대세라지만 사람은 혼자서 행복을 느끼는 것에 한계가 있다. 인간은 자신을 위해 무언가를 하는 이기적인 존재가 아니라 사랑하는 대상을 위해 움직이는 이타적인 존재다. 힘들고 어려운 직장 생활이지만 오로지 자기만을 바라보는 자식들의 맑은 눈동자에 다시 용기를 내어 일하러 나간다. 오로지 아버지의 어깨에 매달려 '아빠, 힘내세요' 하는 자식의 간절한 바람에 힘을 받으며… 그래서 인간은 고난이 왔을 때 극복할 힘이 자신에게서 나오지 않는다. 바로 그를 절대 사랑하는 사람에게서 나온다고 한다. 맞벌이가 대세라지만 통계자료에 따르면 외벌이 가정은 위기에 봉착했을 때 이를 극복하는 반면, 맞벌이 가정은 쉽게 헤어진다고 한다. 다시 말하면 외벌이는 그 한 사람을 위해 온 가족이 위기를 극복하려고 애쓰지만 맞벌이는 헤어지는 쪽으로 위기를 해결하려고 하기 때문이란다.

대한민국이 전쟁 이후로 전설처럼 경제 발전을 실현해 왔지만 이제 위기가 닥쳐올 거라는 예측을 하고 있다. 그동안 크고 작은 위기가 있었지만 코로나 이후로 지구촌에는 다시 위기가 감지되고 있다. 누군가 비관적인 미래 전망이 유효하냐고 반문하지만 위기라고 생각하고 대처하는 자세가 먼저일 것이다.

성경에 나오는 선지자, 요나는 니느웨 성이 아주 악한 나라이므로 하나님의 벌을 받아 마땅하다고 생각했다. 하지만 하나님께서 요나에게 니느웨에 가서 곧 망할 거라는 사실을 전달하라고 한다. 요나는 그 사실을 전달해도 결코 대비도 하지 않을 것이며 그럴 필요도 없다고 도망을 다니다가 결국 하나님께 붙들렸다. 요나는 마지못해 니느웨 사람들이 거의 들리지 않을 정도로 망할 거라고 속삭였다. 하라고 하니 할 수 없이 시늉만 한 것이다. 하지만 그 미세한 소리에 니느웨 사람은 반응했다. 왕을 비롯하여 모든 국민이 나서 회개하며 기도하자 하나님께서 그들을 다시 살려 주었다고 한다.

　나라나 가정이나 위기를 위기라고 생각하지 않는 것이 문제다. 60년 동안 성장의 경험으로 그동안 잘해 왔으니 앞으로도 잘될 거야 하는 낙관적인 자세가 더 큰 위기를 초래할지도 모르는데… 산이 깊으면 골이 깊고, 선 줄 알았거든 넘어질까 두려워하라는 가르침은 인류 역사에서 반복되는 흥망성쇠의 역사에서 비롯된 것이다.

　한 세상을 살다가 노인이라는 나이까지 살았다면 분명 위기가 도래할 거라는 감각이 온몸으로 느껴진다. 노인까지 살았다면 감사한 마음으로 더 즐겁게 더 편하게 살자는 생각을 내려놓고 풍요로움 속에 흩어진 삶을 돌아보며 혹여 과정 중에 잘못이 없는 되돌아보고 원칙을 회복할 때가 아닌지.

20

위기에서 살아나는 기적의 인류 역사

흔히 하나님이 인간을 벌준다고 하지만 하나님은 인간을 직접 벌하지 않으신다. 상관하지 않고 그냥 내버려 주실 뿐이다. 그러면 인간은 자기 경험으로 스스로 죽을 길로 찾아 들어간다. 건강을 해쳤다면 분명 스스로 몸의 관리를 하지 않은 것이다. 인간이 호흡하는 공기가 나빠지는 것도 인간에 의해 발생한 환경파괴로 인한 것이다.

코로나라는 정체불명의 바이러스가 출현하여 전 세계가 한 차례 홍역을 치렀지만 앞으로 이런 현상이 빈번하게 발생할 거란다. 사실 지구상의 수많은 바이러스는 살던 집을 인간에게 빼앗겨 인간을 공격하는 것이다. 코로나도 박쥐에 기생하는 바이러스였지만 인간이 박쥐가 살 수 없는 자연으로 만들면서 인간을 공격하게 만든 것이다. 에볼라 바이러스도 아프리카 지역에서만 있던 바이러스인데 선교사의 몸을 통해 나와 전 세계로 퍼져 나간 것이다.

세상이 점점 문명화되어 살기 좋아졌다지만 그런 문명도 순식간에 흉기가 되어버린다. 자동차도 인간을 편리하게 해 주었다지만 자동차로 죽고 죽이는 일이 벌어진다. 사실 인간처럼 연약한 동물이 없다. 도구가 없으면 인간을 위협하는 맹수가 얼마나 많은가? 또한 엄청난 질병과 재난은 물론 인간끼리 죽고 죽이는 싸움을 하루도 그치지 않는 역사 속에서도 인간은 개체 수를 늘리며 발달하고 있다. 현재 지구상의 인구가 80억 명에 육박한다고 한다. 이는 인류 역사 이래 가장 많은 인구수를 자랑한다. 또한 우주 정복은 물론 인간을 대신하는 A.I까지 출현하고 있으니 정말 인류의 앞날을 예측하기가 불가능할 지경이다. 그러나 이런 문명이 자칫 한순간에 무너지면 그만큼 고통도 클 것이다.

이처럼 인류 역사가 수많은 난관에도 끊임없이 발전해오는 이유는 단 하나 생명의 영속성이다. 거대한 문명이 한순간에 흔적도 없이 사라지는 상황에서도 살아남는 게 인간이다. 이유는 수천 년 동안 내려온 역사가 그것을 말해준다. 모두가 죽을 수밖에 없는 상황에서도 반드시 살아나는 사람이 있어 그 사건을 구전으로든 혹은 기록으로든 아니면 그림으로든 남겨 놓았기 때문에 후손들이 알게 되는 것이다. 결국 하나님은 생육을 위해 인간이 저지른 최악의 상황에서도 생명의 연결고리를 끊지 않으시는 이유다.

2001년 미국의 HBO에서 제작한 미니 시리즈(밴드 오브 브라더스)가 인상적이다. 이 시리즈는 미육군 공수부대인 101사단의 506연대 2대대의 이야기를 담은 전쟁 드라마다. 2차 대전 당시 연합군의 노르망디 상륙작전에 투입되는 과정부터 전쟁이 종결되는 시점까지 당시 살아남은 병사들의 인터뷰 내용을 기반으로 구성된 작품입니다. 유럽 대륙에서 벌어진 전쟁에 태평양 건너 미국 연합군이 개입하면서 수많은 미국 청년들이 희생되었다. 남의 나라 전쟁에 개입하여 주변의 수많은 동료가 죽었음에도 살아남아 일상으로 돌아간 청년들이 노년이 되었어도 그때의 감동을 생생하게 전한다.

그들이 공통적으로 하는 말, 죽을 수밖에 없는 상황에서도 기적처럼 살아남는 사람이 있다고 한다. 그래서 당시 죽은 동지들도 곁에서 살아남은 자들의 가슴에 생생하게 남았으니 비록 몸은 죽었다지만 결코 죽은 것이 아니었다. 왜냐하면 산 자가 사명감을 가지고 당시의 참혹함을 전하는 역할을 해내기 때문에 그들은 결코 헛되이 죽은 것이 아니다.

요즈음 막장 드라마가 대세라며 인간의 악성을 점점 더 잔인하게 들추면서 인기를 쌓아가고 있다. 대부분 작가가 여자다. 심리학자 칼 융에 의하면 여자의 여성성은 남자의 남성성에 있는 과거의 역사성에 대한 관찰이 약하다고 한다. 여자는 현재나 미래에 더 관심이 있지만 깊은 생각에서 나오는 것이 아니라 검증되지 않은 불안전한 자신의 의견을 단호하게 옳다고 주장한다고 한다. 융은 여자는 이런 특성을 가지기 때문에 깊은 생각이 없다고 혹독하게 여자를 몰아붙이지만 물론 예외는 있다는 전제를 단다. 또한 과거에는 여자들이 글을 많이 쓰지 않았지만 현대에 들어 여자들이 글을 쓰는 비중이 늘었다. 하지만 대부분 사실에 입각한 역사서나 철학서, 논리정연한 문학보다는 자극적인 드라마나 소설을 주로 쓴다. 융에 의하면 여자들의 글은 주로 과거와 현재를 연결하는 논리보다는 그럴 것이다, 혹은 그래야 한다는 자기 생각을 두서없이 엮어서 스토리를 만들어낸단다. 그래서 '막장'이라는 장르를 형성한 것이다. 막장은 말 그대로 인간관계를 파국으로 몰아가는 것이다. 부부간의 단절, 부모와 자식 간, 혹은 집단이나 더 나아가 인류애를 단절하고 분열시킨다.

과거를 모르면 결코 미래도 없다는 것을 아는지 모르는지. 전도서에서 나온 말이다.

"이미 있었던 것들이 훗날에 다시 일어날 것이고, 이미 일어났던 일들이 훗날에도 다시 일어날 것이다. 해 아래 세상에는 새로운 것이라고는 없구나. 그러니 '보라, 이것이야말로 새로운 것이다'라고 내세울 만한 것이 과연 있으랴! 사실 우리 시대 이전에도 있었던 일이로다!"

21

남자는 창, 여자는 요새

하나님은 남자에게 다스리는 기능을 주었고, 여자에게는 돌보는 기능을 주었다. 현대 여성은 남자에게 있는 다스리는 기능이 남성우월주의에서 기인된 거라지만 이는 단순히 역할 나누기일 뿐이다. 인생이라는 무대는 전쟁터와 같다. 전쟁에서 이기려면 창으로 공격을 하고 방패로 방어를 해야 한다. 그래서 하나님은 가정이라는 공동체를 만들어 주며 남자는 창, 그리고 여자는 방패 역할을 분담시킨 것이다.

남자가 다스리려면 창의 역할을 해야 한다. 그래서 남자에게 여자보다 강한 신체조건을 부여하신 것이다. 돌보는 기능을 주신 여자에게는 방패 역할을 주셨지만 현대 여자들은 이 역할에 불만을 드러낸다. 그러면서 남자가 가진 창의 역할이 불공평하다며 하나님을 향해 남성주의자라고 삿대질을 한다. 그러나 하나님은 여자에게 방패라는 소극적 개념이 아니라 요새라는 개념을 주신 것이다. 남자가 아무리 뛰어난 전술로 전쟁에 이기고 돌아와도 요새가 무너지면 전쟁은 패한 것이다. 남자가 전쟁을 하러 떠난 뒤 요새에 남은 가족을 지켜야 하는 여자가 할 수 있는 것은 오로지 강한 모성애로 버텨내는 것이다. 이는 하나님께서 여자에게 주신 능력이라고 한다. 공격력이 없는 여자에게 지혜를 주고, 공격려보다 더욱 강한 가족 사랑으로 버텨내는 인내력도 주신 것이다. 이는 여자에게 우세한 영적인 판단력으로 하나님과 소통하며 위기를 헤쳐 나갈 수 있게 한다. 이런 여자의 역할은 바로 하나님이 주신 위기관리 시스템이다.

하나님은 아담이 금단의 사과를 따 먹고 에덴을 떠날 때 위기관리 시스템을 가동시키신 것이다. 인류 최초의 인간 아담과 하와가 모든 것이 풍족했던 에덴에서 떠나는 순간 한 치 앞도 모르는 전쟁터와 같은 삶을 살아야 할 운명에 놓인 것이다. 사람들은 흔히 사과를 따 먹으면 정녕 죽으리라 해 놓고 안 죽이고 에덴동산에서 쫓아냈느냐고 하지만 에덴동산을 떠난 순간부터 인간이 죽음의 불안을 안고 한정된 삶을 사는 사망상태다. 그래서 에덴을 떠날 때 남편과 아내가 하나라는 일체감으로 가정이라는 공동체를 만들어 주고 역할을 부여하셨다. 노동을 하지 않았던 남자는 땀 흘려 노동을 하고, 여자는 자식을 낳고 남편에게 순종하라고 하신다. 왜 여자가 순종하느냐고 따지지만, 밖에서 싸우고 돌아온 남자를 위로하고 순종하면 남자는 기운을 내서 다시 싸울 용기가 생기기 때문이다.

그래서 남자가 밖에 나가 땀 흘려 일하고 여자가 자식 낳고 집을 지키라는 것은 벌칙이 아니라 하나님이 부여하신 축복이다. 그것만이 악한 세상에서 살아남는 유일한 매뉴얼이라고 하신다. 하지만 2차 대전 이후로 냉전시대가 막을 내리면서 인류는 역사 이래 그 어느 때보다 풍요롭고 안정된 시대를 살았다. 산업사회로 일자리가 풍요로워지고 과학이 발달하면서 삶의 질은 높아지면서 인간 개인의 능력이 곧 경쟁력이라는 기치 아래 자기 개발에 매진해 왔다. 전통적으로 내려온 남녀 간의 고리타분한 역할은 더 이상 시대적 패러다임이 아니라며, 바꾸는 것만이 인간다운 삶이라고 강조해 왔다. 유독 여자가 역할에 불만을 제기하며 남자의 역할에 도전장을 낸 것이다. 결국 여자도 남자처럼 일을 하면서 자기 성취 시대에 접어들었다. 더 이상 여자라는 이유로 집이나 지키면서 이름도 없이 사는 것은 참을 수 없다며 하나님이 주신 역할에 반기를 든 것이다.

그러나 생명권과 심판권은 하나님에게만 있다. 흔히 인생이라는 경기장에서 심판의 지시에 따르지 않고 제 능력만 주장하면 결국 퇴장당하고 만다. 또한 인생이라는 무대의 연출자는 하나님이시다. 세상이라는 무대에서 맡겨진 배역을 충실히 해야만 연출자가 의도한 작품으로 완성되는 것이다. 이런 역할에 대해 성경에서는 토기와 토기장이로 비교한다. 창조주 하나님은 토기장이고 피조물인 인간은 토기이다. 토기장이는 토기를 빚을 때 이미 쓰임새를 계획하며 만들었다. 하지만 만들어진 토기가 다른 용도의 토기와 비교하여 불평하면 결국 토기장이는 그 토기를 깨버릴 수밖에 없다.

또한 하나님은 개인이 홀로 뛰는 것보다 각자 맡은 역할을 충실히 하며 전체를 아름답게 완성하는 것을 좋아하신다. 하나님이 만들어 준 유일한 공동체, 가정의 구성원마다 하나님이 부여한 역할을 완벽하게 해내면 사회가 단단해지고 이어서 국가가 튼튼하고, 더 나아가 세계도 아름다워진다. 그래서 작은 것에 충실하면 더 큰 것을 상급으로 주신다 하시고, 혼자보다 둘이 낫다고 하시는 것이다. 지나치게 편 가르기만 주장하다가 정작 내 것을 빼앗긴다는 것을 잊지 말아야 한다. 더하여 하나님이 주신 역할에 소홀하면 그 책임 또한 커질 것이다.

대한민국은 전통적으로 여자가 위기에 강하다고 한다. 심리학자 칼 융은 여자에게 남자보다 더 강한 남성성이 내면에 존재하는데 이는 위기에서 강한 희생정신이 발현되기 때문이라고 한다. 이런 힘은 바로 여자의 자궁에서 나온다고 한다. 남자에게는 없는 자궁, 여자는 이 자궁을 통해 생명을 잉태하고, 이어서 자신의 생명을 걸고 새 생명을 잉태하기 때문이란다.

융은 현대 여성이 겉으로 드러나는 남성적인 것만 쫓으려다가 오히려 이런 여성적인 장점을 상실하는 것이 더 문제라고 한다. 자기주장을 일삼던 풍요의 시대가 가고 순식간에 코로나 팬데믹 공포로 지구촌이 한 치 앞도 모르는 상황으로 빠져들더니 이제는 전쟁이란다. 또한 엄청난 기후변동으로 식량난이 올 거라는 예측도 있다. 이제 그동안 치열하게 했던 남녀 편 가르기 싸움을 멈추고, 어머니의 자궁처럼 따뜻한 요새로 가족을 불러 모을 때가 아닐지.

22
자식은 부모의 능력으로 자라는 것이 아니다

환갑을 바라보는 나이가 되어 온갖 것을 다 해보았다고 자랑하는 여인들이 끝에 가서 하는 말이 있다. 100세 채우려는 부모님과 제구실 못하는 자식 때문에 잠이 안 온다고…. 강남에서 제법 경제력을 갖추고 사는 친구는 20년 전에 시어머니를 시설이 우수한 노인 병원에 입원을 시켜서 자랑했었다. 그런데 최근에 남편이 퇴직을 했다. 90세에 이르는 시어머니는 요양병원에서 얼마나 몸 관리를 잘해주는지 90살 연세답지 않단다. 그런데 20년 전, 입원 당시에 아들을 못 알아보았는데 지금도 못 알아본다고. 이러다가 자칫 아들인 남편이 먼저 죽지 않을까 걱정이란다.

그러나 더 속상한 것은 늙은 자식 뒷바라지하는 거란다. 아들이 40살이 가깝도록 변변한 직장도 없고 결혼도 하지 않고 있단다. 특히 아들이 사회생활에 실패하여 아예 방에 틀어박혀 나오지를 않는다고 한다. 남자는 좌절하면 동굴에 숨는 특성이 있다지만 왜 내 아들이? 하면서 눈물을 짓는다. 은퇴한 남편은 아내의 눈칫밥을 먹다 못해 결국 아파트 경비라도 하겠다고 나가는데 유학까지 갔다 온 자식이 왜 저러는지 모르겠다고. 현관을 나서는 남편이 기어코 한마디 한단다.

'내가 저 나이에는 가족을 먹여 살렸는데. 내가 배우지 못한 한이 있어 죽어라 가르쳐 놓으면 나보다 나은 삶을 살 줄 알았는데…'

사실 베이비부머의 자식 교육은 한때 미국 전 대통령 오바마의 칭찬을 들을 정도였다. 더구나 경제 사정이 나아지는 1990년대부터 유학 돌풍까지 불며 자식 교육에 올인했다. 능력이 있는 부모가 능력 있는 자식을 키운다며, 내 자식만큼은 없어 못 한다는 소리를 듣지 않겠다고 비장하게 뒷바라지에 뛰어들었다. 집 팔아 강남으로 입성하고, 때론 무리하게 빚을 져 유학도 보내고, 부모에게 불효하는 것쯤은 상관없단다. 나하나 희생해서 내 자식이 행복하면 된다며 부부 이별도 트랜드란다. 그래서 기러기 아빠라는 신조어도 만들어냈건만 성적표는 초라하기만 하다. 말은 가족이라지만 서로 등으로 돌리며 원망만 하고 있다.

이런 현실을 바라보며 오래전에 들은 강의가 생각났다. 서울대 전 교수인 박동규는 그의 어머니를 이렇게 설명했다.

"전쟁이 끝나고 하루하루 먹을 것을 염려하며 살아야 했죠. 동생이 줄줄이 있는 장남인 저로서는 비록 중학생이지만 생계비를 벌어야 했습니다. 그래서 수업이 끝나자마자 미군 부대로 달려가 군용차 바퀴를 닦았습니다. 전쟁 직후라 변변한 도로가 없다 보니 바퀴마다 진흙 범벅입니다. 한겨울에 맨손으로 내 키를 훌쩍 넘는 바퀴를 얼음처럼 차가운 물로 닦고 나면 손이 곱아 제대로 펴지지도 않습니다. 그래서 일한 대가로 5전을 받으려면 뻣뻣해진 손가락을 가닥가닥 펼쳐야 했습니다. 이미 몸에 걸친 얇은 무명옷에도 물이 흠뻑 젖어 찬 공기에 칼날처럼 굳어 살을 파고드는 것 같습니다. 하지만 손에 쥐어진 5전에 너무 행복해서 추운 줄도 모르고 집으로 달려와 손안에 있는 5전을 어머니의 펼친 손안에 그대로 떨어뜨려 줍니다. 하지만 그 돈을 받는 어머니의 눈에는 눈물이 그렁그렁 고입니다. 그렇게 번 돈으로 어머니가 차린 밥상을 먹고 나면 나는 그대로 곯아떨어집니다. 얼마를 잤을까? 새벽녘에 부엌에서 새어 나오는 불빛을 따라 살그머니 문을 열어보니 어머니는 아궁이 앞에 앉아 계십니다. 물에 젖은 옷가지와 신발을 아궁이에서 나오는 불로 말리고 계셨습니다. 그런데 말입니다. 제 어머니 눈에서 눈물이 빗물처럼 흘러내리고 있었습니다. 한 손으로는 옷가지를 말리고, 한 손으로 눈물을 닦아내며…. 하루 종일 추위에 떨었을 나를 생각하며…."

이내 그는 더 이상 강의를 이어가지 못하고 펑펑 울었다. 당시 50대 후반인 그의 스토리보다 우는 모습이 더 기억에 남았다. 그때는 그저 어머니를 생각하는 아들의 마음이려니 했지만 그의 나이를 훌쩍 넘긴 지금의 내게 그 스토리가 비로소 마음에 와닿는다. 어머니를 생각만으로도 눈물을 쏟았던 박 교수는 그날의 어머니 모습을 기억하며 평생 헛되게 살지 않으려고 애쓴다며 강의를 마무리 지었다. 요즈음 잣대로 보면 10대 아들에게 생활비를 벌어오게 한 무능한 어머니였다. 하지만 그 어떤 부모보다 자식의 가슴에 감동으로 남아 자식의 삶 전체를 지배하는 것이었다. 결국 부모와 자식은 능력이 아니라 서로에게 주는 진솔한 감동으로 관계를 맺는 것이다.

요즈음 부모는 능력을 최대한 활용하여 자식을 기득권자가 되게 하려고 온갖 짓을 해보지만 자식은 절대로 부모의 능력으로 자라는 것이 아니다. 말은 사랑하기 때문이라는 명분을 내세우지만 오로지 자기 기대치를 강요한 것뿐이다. 예전에 어머니는 가난해서 해준 것도 없고, 배운 것이 없어 가르친 적도 없지만 눈빛만 봐도 서로의 마음을 읽었다.

무자식이 상팔자라는 옛말이 왜 나왔는가? 요즈음 공들인 자식이 부모의 기대에 어긋났을 때 실망을 넘어 분노하기까지 한다. 한때 아들이 공부를 잘해 모든 엄마들의 부러움을 샀던 지인이 있다. 아들은 우수한 성적으로 천재만 입학한다는 과학고를 졸업하여 미국 유학까지 갔다 왔는데 취업을 못 하고 방 안에만 틀어박혀 있다고 한다. 수년째 그러고 있으니 지인은 이제 그런 아들이 밥을 먹는 것만 봐도 밉다고 한다.

결국 인생을 살다 보니 알게 된 것은 부모 자식 간에는 능력이 아니라 감동을 주는 관계라는 것이다. 또한 기쁨을 나눈 것보다 고통을 함께했다는 것만 기억에 남는다. 부모는 능력이라며 자식의 삶을 주도적으로 선도하며 자식의 기쁨을 빼앗는 존재가 아니라 오로지 고통을 나누는 존재라는 것을 잊지 말아야 한다. 더구나 어려울 때일수록 자식을 품는 것이 바로 부모인데….

비록 세상이 자식을 버려도 부모는 자식을 향한 소망을 버려서는 안 된다. 역사에 보면 어머니의 기도로 탕자에서 성자가 된 인물이 많다. 특히 「참회록」을 쓴 성 어거스틴은 방탕한 생활에 빠져 살다가 어머니의 기도로 회심하여 오늘날까지 성자라는 칭호를 받는다. 영혼까지 가는 부모 자식의 관계, 비록 실망시키는 자식이라지만 부모의 소망은 죽어서도 실현된다는 것을 부모는 잊지 말아야 한다. 세상은 내 자식을 버려도 부모는 죽기까지 결코 버려서는 안 되건만….

23

자식과 소통하라고?

요즈음 소통이 대세라고 한다. 소통이란 말 그대로 쌍방 간에 대화를 통해 서로를 이해하는 것이라고 설명한다. 하지만 무조건 들어만 주는 것도 소통이라는 생각이 든다. 바로 예전에 어머니들은 자식들과 그런 소통을 했기 때문이다. 자식이 말을 하고 싶을 때 언제든 들어주는 엄마였다. 그래서 자식에게 엄마는 대지에 뿌리를 박고 서 있는 나무와 같은 개념이다. 당연히 자식들은 기쁠 때나 슬플 때나 항상 같은 자리에 있는 엄마를 먼저 소리쳐 부른다. 자식들은 엄마를 보자마자 하고 싶은 말을 쏟아낸다.

엄마는 자식이 하는 말을 들으며 자식이 기뻐하면 함박웃음을 짓고, 자식이 슬퍼하면 근심 어린 표정이 된다. 때론 그런 어머니의 반응에 자식은 분통이 터진다며 무슨 말이라도 해보라고 소리친다. 그러면 엄마는 부끄러운 듯이 대답한다. "무식한 어미가 무슨 할 말이 있어" 그래도 자식은 금방 다시 어머니 곁에서 종달새처럼 재잘거린다.

아마도 노년에 접어든 베이비부머들은 그런 어머니에 대한 기억이 있을 것이다. 하지만 철없던 나이에는 바람막이도 되어주지도 못하고, 자식들을 당당하게 대변해 주지 못한다고 어머니를 부끄럽게도 여겼다. 때로는 자식의 마음을 몰라준다고 섭섭하게 생각했던 적도 많았다. 하지만 부모 나이가 되고 보니 그래도 세상에서 자식을 가장 잘 아는 사람이 바로 어머니였다는 알게 된 것이다.

어쩌면 어머니가 야무지게 가르쳐 주지 않으니 자식들의 말재주가 늘었을 것이다. 자식이 세상에서 배워 온 지식이나 사연을 듣기만 하는 어머니를 이해시키기 위해서 자식은 자랑거리는 더 과장되게, 슬픈 것은 더 슬프게, 분노할 때는 더 화가 난 듯 말을 했을 것이다. 그래도 엄마가 지적하지 않고 들어만 주니 자식은 말하는 것에 자신이 붙은 것이 아닐지. 그래서 요즘처럼 소통을 주도하는 스피치 강의를 따로 듣지 않아도 되었다.

그래서 또 생각해 보았다. 어떻게 판단하지 않고 듣기만 했을까? 베이비부머의 어머니는 그만큼 배우지 못해서 자식을 가르칠 수 없었겠지만 오히려 그것이 자식을 성장시켰다. 사실 자식을 키워 본 부모의 입장에서 보면 자식이 하는 말을 판단하지 않고 듣는 것은 참으로 어려운 일이다. 특히 지식이 많은 부모 입장에서 보면 더 못 참는다. 그래서 부모가 사사건건 개입하다 보면 자식들은 오히려 위축되고 부모에게 자기 생각을 표현하는 것을 피하려 한다. 자식이 엉뚱한 소리를 해도 들어주는 어머니가 있다면 요즘처럼 전문가를 통해서 교정하지 않아도 반복 과정을 통해 스스로 찾아간다. 그것이 확실한 경험적 자기 지식이 되는 것이다.

이처럼 자식이 말하고 싶을 때 예전의 엄마는 나무처럼 자리를 지켜 주었다. 요즈음은 자식과 소통한다고 엄마의 시간에 자식을 불러내지만 자식은 마지못해 끌려 나와 할 말이 없다고 입을 닫아건다. 그러면 부모는 왜 저러는지 속을 알 수 없다고 답답하단다. 이유는 자식은 자기가 하고 싶은 순간에만 말을 하기 때문이다. 자식은 부모가 말을 하자고 달려들면 오히려 숨어 버리는 특성이 있다. 결국 예전에 부모님은 자신의 존재는 잊고 오로지 자식을 위해 24시간을 열어두고 기다렸다는 것이다. 그래서 베이비부머의 기억에 어머니 하면 '존재감'이었다. 자식을 우두커니 기다려 주는 어머니라는 존재….

그렇게 나무처럼 한 자리에 있는데도 어머니는 가족 구성원이 밖에서 하는 짓을 알고 있는 듯했다. 손으로는 밥을 짓고 물을 기르고 빨래를 하면서도 머릿속에는 항상 가족들을 일일이 생각하는 것은 아니었을까? 그래서 그런지 자식들이 눈속임을 하려고 손과 입을 쓱 닦고 들어가도 어머니는 금방 알아채는 듯 눈빛이 무섭다. 그래서 자식들은 혹시 들켰나? 제 발이 저린다.

예전에 우리 어머니가 자식에게 했던 말 중에 가장 두려웠던 멘트가 바로 앉아서 구만리를 본다는 말이었다. 지금이야 피식 웃고 말지만 당시는 그 말에 권위가 실려서 남편이나 자식들이 쉽게 어긋나지를 않았던 것 같았다.

심리학자 칼 융은 여자는 영적인 능력이 발달했다고 한다. 영적인 능력이란 눈에 보이지 않는 것을 보는 것이다. 시공간을 초월하신 하나님의 능력을 어머니라는 여자의 마음에 나누어 주셨기 때문이란다. 그래서 우월한 이성적 지식을 가진 남자는 지능을 활용하여 스스로 배우고 눈에 보이는 것만 발달시키지만, 여자의 지혜는 하나님과 소통하면서 눈에 보이지 않는 관계성을 발전시켜 나간다고 한다. 보이지 않는 하나님과 소통하는 여자의 능력으로 하나님으로부터 지혜를 익히고, 그 지혜를 다시 가족에게 발휘하는 것이다. 그러니 예전에 어머니들이 자식들을 향해 천리안을 가졌다고 당당하게 말하는 것이리라.

칼 융은 인간의 무의식에는 이런 역사성을 집단 무의식이라는 영역에 품고 나온다고 한다. 내면에 잠재되어 무한한 가능성을 품고 있는 이 집단 무의식에 바르고 원칙적이고 자기희생적인 여성성이 존재한다고 한다. 인간의 바른 관계를 주도하여 생명의 관계로 모두를 살리는 내면의 여성성. 그런데 요즈음 엄마는 여자의 내면에 있는 그런 우수성은 도태

시키고 눈에 보이는 자기 발전만 주도하면서 이런 기능이 발현되지 않는다고 한다.

　인간이 인간다운 것이 바로 관계성이다. 인간은 이 관계에서 모든 것을 살리거나 아니면 모든 것을 파멸한다. 앉으나 서나 가족 생각만 하던 예전의 어머니는 지구 반대편에 떨어져 있는 자식의 마음까지도 읽는다고 한다. 영혼을 나누기 때문이다. 이런 관계성을 배제하고 오로지 눈에 보이는 성과에 집중하면서 그저 앵무새처럼 사랑한다는 말만 앞세우는 요즈음 엄마와 달리 옛날 옛적에 우리 어머니의 자식을 향한 사랑은 그저 오래 참고, 모든 것을 덮어주고, 모든 것을 믿고, 모든 것을 소망하며, 모든 것을 견디어 내는 지혜로운 여인이었는데….

24

세상과 타협하지 말아야 하는 어머니

우리가 흔히 알고 있는 동화, 청개구리 이야기가 있다. 엄마 말이라면 무조건 반대로 하며 엄마 속을 썩이는 아들 청개구리가 있다. 결국 엄마는 말을 지독히 듣지 않는 아들 청개구리 때문에 병에 걸려 죽게 되었다. 엄마는 죽기 전에 아들 개구리를 불러 유언을 했다. '내가 죽으면 강가에 묻으라고' 엄마 말이라면 무조건 엇나가는 아들이기에 반대로 말을 해야 산에 묻을 거라고 생각했다.

그런데 막상 엄마가 죽으니 아들 개구리는 비로소 엄마 말을 듣지 않은 것을 후회하며 엄마의 유언대로 강가에 묻었다. 그 뒤로 비만 오면 아들 개구리가 강가로 달려가 엄마의 무덤이 비에 쓸려갈까 두려워 목이 터져라 울어댄단다. 흔히 이 동화의 교훈은 엄마 말을 잘 들어야 한다는 것으로 이해한다. 하지만 뒤집어 생각하면 결국 엄마가 아들의 삶을 더 고단하게 만든 것은 아닐까? 하는… 어쩌면 엄마가 끝까지 진실을 말했으면 아들이 그렇게 고생을 하지 않았을 것이다.

엄마라는 이름으로 살다 보니 알게 된 것은, 인간은 자기가 가진 지식으로 변하는 것이 아니라 세월에 따라 변한다는 사실이다. 인간은 결코 저절로 크는 존재가 아니다. 그러나 가르친다고 해서 바로 변화되지 않는다. 다시 말하면 한 인격으로 성장해 나가는 동안 수없이 듣고 배운 것을 인지하고 받아들이는 시기가 다르기 때문이다. 그래서 부모의 가르침이 즉시 행동으로 반응하지 않아도 그 가르침은 자식에게 남아 언젠가 이해하고 따르게 된다. 결국 부모로부터 들어온 지식은 부모가 되어서야 비로소 그때 가르침을 깨닫게 된다는 것이리라.

흔히 '철 들자 노망'이라는 우리 속담이 왜 있겠는가? 결국 인생이란 아무리 많은 지식을 가졌다 해도 인생의 경험을 통해 부모 나이가 되어야 비로소 부모가 왜 그런 말을 했을까 이해하게 되는 것이다. 지혜의 왕 솔로몬이 잠언서를 통해 한 말을 보자. "마땅히 걸어야 할 길을 자식에게 가르치라. 그러면 늙어서도 그 길을 떠나지 않는다"

그러나 우리는 자식에게 마땅히 걸어야 할 길을 가르치지 않았고 그저 지식만 쌓아주었다. 그래서 자식이 늙어도 자신이 가야 할 길을 찾지 못하고 방황하게 되는 것은 아닐지. 그럼에도 현대인들은 시대를 앞선 사람이라며 변해가는 시대와 타협하라고 외친다. 20세기부터 인간의 지식이 급격하게 발달하면서 과학 문명의 발달이 가속화되고 있다. 그러나 인간의 삶은 변한 것이 없다. 세끼 먹고 인간과 관계를 맺다가 때가 되면 죽는다. 그저 삶의 방식이 변했을 뿐 인간 자체는 변한 것이 없다.

또한 세상을 살고 노인까지 살고 나니 내 뜻대로 이루어진 것이 없다는 사실이다. 자식이 내 마음대로 자라주지 못했다는 현실이 가장 아프다. 부모 자식 간에 서로를 이해 못 하면 부모 자식이 아니라 하지 않던가? 그래서 먼저 자식을 이해하라는 세상의 외침이다. 자식 사랑에 눈이 멀어 온갖 불법 탈법을 동원하여 자식을 부모의 머리 위에 앉혀 놓는다. 결국 세상 경험이 없는 철없는 자식이 부모의 자리에 앉고, 부모가 자식의 자리에 내려앉은 뒤집어진 세상이 되고 말았다.

그러나 어떤 세상이 와도 부모가 자식이 되지 않고, 노인이 청년 되지 않는다. 바른 원칙을 가지고 자식을 키우고, 자식이 부모 될 때까지 간절한 소망을 품고 기다리는 인내의 시간을 보내야 하건만. 비록 어린 자식이 부모가 가르친 바른 가치관을 가지고 행동하지 않아도 자식에게는 잘못된 가치관을 바꿀 수 있는 시간이 남아 있다. 자식은 부모보다 살 날이 더 많이 남아 있기 때문이다. 그러나 개구리 엄마처럼 자기 판단으로 뒤집는 결과로 인해 자식은 불구가 되어 영원히 회복되지 못한다.

인생을 살다 보면 질병에 걸린다. 그저 가볍게 지나가는 감기에서부터 암과 같은 중병에도 걸린다. 그러나 그런 질병은 치료가 가능하다. 그런데 불구(disorder)가 되면 결코 치유할 수 없다. 부모가 되어 자식에게 그저 한때 가볍게 지나갈 질병을 영원히 회복되지 않는 불구자로 만들지나 않을지 염려된다. 더구나 SNS나 유튜브가 대세인 오늘날 자기 경험으로 얻은 자신의 가치관을 마치 진리인 것처럼 주장하는 것이 대세다. 특히 이룬 것이 많은 성장 세대였던 베이비부머의 자기 확신이 그 어느 세대보다 높다. 그래서 아직 경험이 없는 자식 세대에게 잘못된 가치관을 심어주어 영원한 불구로 만들고 마는 것이다.

인간 심리를 가장 많이 알았다는 세계적인 심리학자 칼 융도 노년에 접어들자 세상과 결별했다. 자칫 그의 말 한마디가 세상 사람들에게 그릇된 가치관을 심어줄지 모른다는 두려움 때문이었다. 그는 자기만의 집을 짓고 칩거에 들어갔지만 수많은 사람들이 그를 찾아와 조언을 구했다. 그때 그는 이렇게 말했다.

"유명인, 학계와 정계의 거물, 탐험가, 예술가, 문필가, 군주 그리고 재벌들이 나와 대화를 나누기를 원하며 부탁할 일을 가지고 왔는데, 거기에 관해서 내가 언급할 수도 없고 해서도 안 된다."

자식이 독립하기 전에는 바른 가르침을 주지만 자식이 성장하여 독립체로 살아가게 되면 이제는 입을 다물고 자식들이 그동안 배운 지식을 삶에 적용하며 깨우치기를 기도하는 것뿐이리라. 그런데 어찌 된 일인지 자식이 어릴 때 사랑하는 자식이라며 해달라는 것은 무엇이든 해주고 나서 오히려 자식이 성장한 후에 가로막는 오늘의 현상은 무엇인지?
그래서 자식들이 성장도 하기 전에 조로(早老)하고, 결코 고칠 수 없는
불구자로 전락하는 것은 아닐지.

25
육혼과 영혼

인간은 육체와 정신 그리고 영으로 나뉜다고 했다. 다시 말하면 정신은 이성을 바탕으로 한 뇌의 작용인데 이를 '혼(soul)'이라는 용어로 표현한다. 영(sprit)은 마음에 심어져 있다고 한다. 흔히 영혼으로 통합하여 사용하지만 엄밀한 의미에서 분리하는 것이 적합하다. 심리학자 칼 융도 인간의 영을 분석한 분석 심리학을 저술했다. 인간의 마음 깊은 곳에 있는 영이 병들면 정신이 병든다고 한다. 결국 영이 혼의 상위 개념으로, 혼은 영의 지배를 받기 때문이다. 또한 인간의 육체는 혼의 지배를 받는다. 육체를 움직이게 하려면 정신을 기반으로 한 생각이 우선이다. 예를 들어 밭에 나가 일을 해야지 하는 생각을 따라 육체가 움직이게 된다는 것이다. 그래서 정신이상이 되면 이상행동이 나오는 이유다. 이처럼 육체는 정신의 지배를 받고, 정신은 영의 지배를 받는다. 그러나 이 3가지 요소는 분리해서 생각할 수 없이 연결되어 한 인격체에 포함된다. 그래서 인간은 서로 다른 역할을 하는 영과 정신 그리고 육체가 엮여 행동으로 표현되기에 유기체적 복합제라고 불린다.

육체는 남녀의 구별이 뚜렷하다. 그러나 남자가 신체적으로 우위에 있다고는 하지만 엄밀한 의미에서는 큰 힘을 쓰는 것에 남자가 우월하고,

정교한 힘을 발휘하는 것은 여자다. 남자는 사냥을 하고 전쟁을 하면서 외부의 공격으로부터 가족을 지키고, 여자는 가정 내에서 가족을 돌보기 위해 재빠른 손놀림과 민첩한 행동으로 요리를 하거나, 옷감을 짜고 수를 놓는 등에 유리한 신체구조다. 결국 남녀의 신체는 강약으로 나뉘어진 것이 아니라 역할에 적합한 구조일 뿐이다. 사냥을 하고 전쟁을 치르던 시절에는 남자의 힘이 우월했지만 현대처럼 정교한 기술이 대세인 시절에는 오히려 여자의 정교함이 더 우월하다. 그래서 오늘날 여성상위시대는 여자가 노력해서 쟁취한 것도 있지만 이런 시대의 흐름도 크게 작용을 한 것이다. 결국 신체의 기능도 개인 노력의 결과라기보다는 환경에 영향을 받는다.

이처럼 눈으로 식별되는 남녀의 신체와 달리 눈에 보이지 않는 정신력은 남자가 우월하고, 영적인 능력은 여자가 우월하다고 한다. 다시 말하면 남자는 뇌의 기능을 활용하는 논리나 추론을 하는 정신력에서 우세하고, 여자는 마음에 있는 영적 능력이 우세하다. 그래서 역사 이래로 눈에 보이는 사물에 대한 사랑으로 모든 것을 창출해내는 남자의 특성으로 과학, 문화, 철학, 예술 등을 발달시켜 왔다. 이처럼 인류 문명에 획기적인 이름을 남긴 사람은 대부분 남자다. 그러나 여자에게 우월한 영혼에 대한 결과물이 뚜렷하게 드러나지 않는 것이 문제다. 이유는 남자에게 집중된 사물에 대한 사랑은 그 결과가 분명하게 보이는 것이지만 여자는 인간에 대한 사랑을 기반으로 하는 관계성을 추구하기 때문이다.

그래서 지식과 지혜는 근원이 다르다. 지식은 뇌의 작용을 발전시켜 나가는 것인데 남자에게 강하고, 영적인 능력으로 아는 것은 지혜인데 여자가 강하다고 한다. 지식은 세상을 살면서 습득한 지식과 경험으로 계속 발달해 나간다. 그러나 지혜는 마음 깊은 곳에 심어진 채로 있지만 활성화되기를 기다린다고 한다. 다시 말하면 지식은 인간이 스스로 개발하고 발달시키는 것이지만 항상 양면성을 가지고 있다. 선한 방향과 악한 방향이다. 마치 칼이 사람을 죽이는 것에도 사용되지만 수술용 칼로 사람을 살릴 수 있는 것과 같다.

지혜는 이런 지식 사용의 분별력으로 무엇이 바르고, 의롭고, 공평한 것인지 깨닫게 한다고 한다. 이런 지혜를 바로 여자에게 주셨다고 한다. 이것은 하나님으로부터 오는 지혜로, 하나님을 알아야 얻을 수 있다고 한다. 하나님은 인간과 소통하기 위해 인간의 마음 깊은 곳에 심어두신 이유다.

심리학자 칼 융도 여자에게 이런 영감이 발달하여 남자가 보지 못하는 것을 본다고 한다. 융의 제자인 여성 심리학자 폰 프란츠는 여성의 창조성은 바로 남자가 바른길을 가도록 인도하는 것이라고 한다. 그래야 남자로 인해 세상이 발달하고 남자가 공의로운 역할을 수행하면서 여자들도 안전하게 살아갈 수 있다는 것이다. 남자를 남자답게 만드는 원천이 다름 아닌 여자라는 사실을 잊지 말아야 한다.

성경에는 여자의 이름이 둘로 나뉜다. 남편인 아담을 죄에 빠뜨렸을 때 그의 아내의 이름은 여자였다. 그러나 그 여자가 남편인 아담의 생명을 잇는 자식을 낳자, 아담은 그의 아내 이름을 하와로 바꾸어 주었다. 하와는 생명의 어머니라는 뜻이다. 세상의 위대한 남자들 뒤에는 반드시 여자인 엄마나 아내가 있었다. 남자를 죄에 빠뜨린 여자와 남자를 살린 하와….

26

한국 여자와 이스라엘 여자에게 강한 영감

융은 다른 심리학자와 달리 인간의 심리에 영적인 요소를 강조한 학자다. 일반적인 관점에선 인간을 육체와 정신으로 나누는 이분설을 주장한다. 그러나 융은 정신(soul)에서 영(spirit)을 따로 분리한 삼분설을 주장한다. 그는 인간의 마음 깊은 곳에 있는 영은 뇌 기능의 결과인 정신의 지배를 받지 않는 독자적이고, 자율적이며, 누미노제, 즉 신비한 힘의 영향력을 발휘한다고 한다. 나의 의식과 의지가 모든 것을 결정한다는 의식심리학과 달리 영은 '나'를 능가하는 내 안의 어떤 것으로, 내 의지의 지배를 받지 않는 독립적인 객체로 이해할 수 있다. 이 영역이 활성화되며 존재감을 스스로 드러내려고 하기에 개인마다 다른 신비한 체험들을 겪게 되기도 한단다. 그래서 그런 체험이나 환상 등은 우연이라기보다는 마음속에 있는 영이 작동했다고 이해하면 된다.

융은 이런 인간의 영감이 무의식에 있다고 설명한다. 융이 주장하는 무의식은 프로이트의 무의식 이론과는 근원이 다르다. 프로이트가 주장하는 무의식은 자기의 경험을 의식화하지 못한 것으로 일종의 전의식에 가깝다. 다시 말하면 자기의 경험이 무의식에 쌓인 것으로 의식화하지 못한 것에 불과하다. 하지만 융의 무의식은 태어날 때 이미 마음에 품고 나온 것으로, 인간이 전혀 경험하지 못한 영역이라는 것이다. 융은 이것을 집단 무의식이라고 한다. 이런 인간의 집단 무의식에는 태초부터 인류가 되풀이한 각종의 경험이 쌓여 있음은 물론, 관습적으로 내려오는 종교나 신화까지 포함되어 있다고 한다. 그래서 인간이 어떤 시대를 살든 보편타당하게 내려오는 전통과 관습을 쉽게 받아들인다는 것이다. 바로 인류 역사를 품은 집단 무의식이 각 개인의 마음에 심어져 나오기에 직접 경험하지도 못한 역사이지만 쉽게 이해하고 관심을 갖는 이유이기도 하다.

아마도 이런 특징 때문에 나라마다 민족성이 차이를 보이며 전해 내려오고 있는 것이다. 이런 과거의 역사성을 포함한 집단 무의식이 영의 지배를 받는다면 이 영을 바르게 받아들이는 것이 민족성으로 형성된다. 융은 여자에게 발달한 영적 예감 능력으로 남자에게 유익한 경고를 할 수 있다고 한다. 다른 말로 남자에게 여자를 통해 하나님이 하시고자 하는 말을 대변한다는 것이다. 그래서 대부분의 여자들이 하는 말은 남자처럼 논리적으로 설명하기보다는 앞뒤가 맞지 않는 견해를 뜬금없이 쏟아낸다고 한다. 다시 말하면 남자들처럼 자기의 생각을 논리적으로 제시하는 것이 아니라 누군가의 말을 대변한 것 같다고 해서 융은 '의견'이라는 표현을 쓴다.

융은 자기 어머니가 이런 능력이 발달했다고 한다. 그의 어머니는 평범한 여자였지만 아들에게 위험이 닥치거나 필요한 것이 있으면 전혀 다른 인격으로 그에게 말했다고 한다. 때론 어머니도 자신이 무슨 말을 하고 있는지 잘 몰랐으나 그 목소리는 절대적인 권위를 지닌 것 같았고, 상황에 적합한 내용을 말했다고 한다. 그 예로 그가 악의 문제에 대해 심각하게 고민할 때 어머니가 뜬금없이 『파우스트』를 읽어보라고 했다고 한다. 정규적인 교육을 받지 못한 엄마가 도대체 그런 책을 알 리도 없는데 마치 누군가의 생각을 대변하는 것 같았다고 한다. 융은 때론 너무 정확하게 요점을 집어내는 어머니를 보고 무서워 떨기까지 할 지경이라고 했다. 융은 자신의 자서전에서 목사였던 아버지보다 방황할 때마다 자신에게 정신적인 지주가 되었던 어머니에 대한 이야기를 많이 서술했다.

대한민국 여자들도 이런 영감이 다른 민족보다 발달한 듯싶다. 마치 이스라엘 여자처럼 수많은 고난을 겪으면서도, 결코 원칙에 어긋나지 않게 살면서 바른말을 하며 어머니의 위엄을 보여주었다. 그리고 예감이 좋다, 안 좋다 하면서 자식의 앞길을 더듬게 하고 혹여 자식들은 배운 것도 없는 어머니가 무얼 알까? 하며 속여보지만 결국 들키고 만다. 그리고 자식에게 서슬 퍼런 경고를 합니다. "차라리 귀신을 속여라. 이 어미는 네 뱃속까지 다 들여다보고 있어!!" 그래서 성장기에 일탈을 하고 싶어도 매와 같은 눈으로 자식을 살피는 엄마의 눈치를 보면서 차마 행동으로 옮

기지 못했다. 지나고 보니 '때마다 다가오는 유혹을 어머니 때문에 용케 참으며 그나마 바른길로 온 것이 아닌지' 하는 생각이 든다.

그러나 융은 이런 여자의 신비한 영적인 능력은 가족에 국한된다고 말한다. 여자들이 공적인 영역에 도전하여 세상을 바꾼다지만 여자에게는 그런 능력이 별로 없다고 한다. 다시 말하면 융은 이런 여자의 예감 능력은 대부분 남편이나 자식에게만 국한된다고 한다.

물론 하나님의 정의와 긍휼함으로 공적인 영역에서 남자보다 뛰어난 여자도 많다. 그러나 그런 여자들은 대부분 결혼을 하지 않는 상태로 그런 공적인 역할을 수행했다. 만인의 어머니였던 마리아 테레사 수녀도 말년에는 개인적으로는 몹시 불행했다는 말이 있다. 영국과 결혼했다며 평생을 독신으로 살아온 엘리자베스 여왕도 죽을 때까지 사랑한 한 남자를 가슴에 품었다고 한다. 여자로 공적인 세계에서 인정을 받았지만 개인적인 삶이 없는 것을 아쉬워한단다.

27
위기에 작동하는 하나님의 영

하나님은 인간을 흙으로 빚고 코에 '후' 하고 생령을 불어넣어 주었다. 그래서 인간은 하나님의 영과 통한다고 한다. 창조주이신 하나님은 지구라는 거대한 하드웨어를 만들고 그 안에서 각각의 모양대로 살아 움직이는 식물과 동물이라는 소프트웨어를 작동시키고 아담에게 하나님을 대신하는 지도자 역할을 맡겼다. 거기다가 하나님은 인간에게 자유 의지를 주어 스스로 판단하며 자체 발달하라는 전권도 이임했다. 하나님이 만든 아름다운 지구의 모든 것을 그 특성에 맞게 잘 다스리고, 인간도 생육하고 번성하라고….

그러나 아담이 금단의 열매를 먹고 죄를 짓게 되면서 아담의 다스리는 권한은 지배력으로 바뀌었고, 여자는 아담을 도우라는 기능에서 조정으로 바뀌었다. 상생하며 조화롭게 살라는 것은 모두 상극으로 대립하면서 약육강식으로 바뀌었다. 그래서 아름다운 자연이 파괴되고 생명이 경시되고, 서로의 것을 탈취하고 억압하는 것에만 몰입했다. 생육을 위해 가정을 이루고 한 몸이 되어 절대 사랑하라고 했건만 남녀가 서로 지배권을 가지겠다고 대립하느라 가정이 파괴되고 있다. 문명화되었다지만 번영의 방향은 파괴의 성향을 띤 거대 권력으로 자리 잡으면서 이제는 인류 전체를 위협하고 있다.

인간의 타락 이후 하나님의 아름다운 창조물인 지구는 인간의 지칠 줄 모르는 탐욕으로 자체 종말을 고했을지도 모른다. 그러나 역사는 오늘까지 이어지고 있다. 그것은 때마다 찾아오는 위기에 하나님이 개입하신 덕이다. 그때를 위해 인간에게 하나님과 교통하는 영적인 능력을 갖추고 태어나게 하신 것이다. 즉 인간이 왜곡된 길로 질주할 때 쓸 수 있는 브레이크 기능을 주셨다는 생각이다.

좋은 차가 되려면 달릴 때 성능도 좋아야 하지만 위기에서 생명을 구할 수 있도록 브레이크 기능이 뛰어나야 한다. 심리 공부를 하면서 융의 무의식을 완전히 이해하기는 어려웠으나 이 나이까지 살고 보니 어느 정도 그 의미를 알게 되었다. 인생을 차에 비유한다면, 펼쳐지는 도로에 적합한 속도 조절을 하며 적응해 나가는 것이 정신의 지배를 받는 외적 인격이라면 브레이크 기능은 영의 지배를 내적 인격인 것이다. 인생은 더 잘나가는 게임판이 아니라 바로 위기에서 살아나는 것이다. 인생에 때마다 닥치는 위기를 잘 극복하는 것이 바로 이 내적 인격 덕분이 아닌가 하는 생각이 든다.

그래서 하나님께서 인간을 세상에 보내면서 이런 위기의 장치를 내면에 심은 것이리라. 융의 설명처럼 집단 무의식에 존재하는 원형은 인간이 겪어온 갖가지 역사성의 침전물이란다. 위기 때마다 살아남은 자들의 축적된 역사가 인간의 마음에 심어져서 위기를 극복하기 위한 시도를 한다. 대부분의 인간은 위기가 발생했을 때 시대적인 추세로 극복하려 하지만 내적 인격이 발달한 사람은 역사적인 방법으로 극복한다.

더구나 남성과 여성에게는 서로 다른 영적인 능력을 발휘하도록 하였다. 남성에게는 여성성(아니마)을, 여성에게는 남성성(아니무스)을 인간의 깊은 내면에 심어 위기에 작동하는 안전장치로 심어놓은 것이다. 현대인이 주장하는 남녀는 개별적으로 완벽한 존재가 아니라 부족한 부분을 서로 보완해주기 위함이다. 관계 중심의 사랑이 완전체인 여자와 사물 중심의 정신이 완전체인 남자가 되어 전체를 실현해야 한다. 다시 말하면 남녀는 개별적으로 발달하는 존재가 아니라 둘이 하나로 통합되어야 완전체를 이룬다고 한다. 왜냐하면 정신의 사랑과 사랑의 정신에는 완성이 필요하기 때문이다. 이처럼 부족한 부분이 있는 둘이 완전체를 이루면 주목할 만한 역사적 감정이 생겨난다고 한다.

흔히 현대인들은 남자는 늙어서 여성성이 강화되어 여자처럼 감상적이 되고, 여자는 남성성이 발달하여 남자처럼 거칠게 된다는 것으로 잘못 이해하고 있다. 그 용어를 만들어 낸 융이 말하는 여성 내 남성성은 감상이 아닌 삶의 의지이고, 끔찍할 정도로 비 감상적이며 심지어 자기희생을 강요할 수 있다고 한다. 다시 말하면 여성 내 남성성은 남자처럼 자기 성취를 위해 공격적으로 상대를 해하는 것이 아니라 자신이 사랑하는 사람을 위해 참고 인내하고, 심지어 자기희생까지도 기꺼이 감수하는 것이라고 융은 다음과 같이 설명한다.

"그것은 오랜 진리가 아니었던가? 여성이 강한 자의 약점을 그 강함보다 더 사랑하고 영리한 자의 어리석음을 그의 영리함보다 더 사랑한다는 것은. 그런데 여성의 사랑이 그것을 더 원한다. 즉 단지 남성적인 남성이 아니라 남자의 암시적인 감정까지 포함한 전체적인 남성을 원한다. 여성의 사랑은 감상이 아닌 삶의 의지이며 끔찍할 정도로 비감상적이며 심지어 그녀에게 자기희생을 강요할 수 있다. 감상은 남자에게만 나타난다"

흥망성쇠를 반복하던 인간의 문명이 그래도 오늘까지 발전해 오고 있는 이유는 바로 위기에 대응하는 여자의 능력 때문이었다. 그래서 융은 현대인은 여자가 남자의 것을 추구하면서 정작 여자의 기능을 상실한 것이 더 문제가 되고 있다고 한다. 다시 말하면 위기가 왔을 때 여자가 대응하지 못해 그대로 멸망하는 것은 아닐지….

4부

우리들의

이야기

28

혐오 대상 1호, 아줌마

최근에 한 헬스장 입구에 아줌마 출입금지라는 안내문을 붙였다. 그러자 아줌마들이 여성 혐오를 작성한 안내문이라며 비난을 퍼붓자 헬스장 사장은 다음과 같은 하소연을 한다.

"나도 11개월 넘게 참았다. 오히려 저 안내문은 공격이 아닌 방어하기 위한 안내문이다. '아줌마 출입금지'라는 안내 문구는 단지 민폐를 끼치는 일부 진상 회원들의 출입을 금지하는 것이다."

논란이 된 헬스장은 오픈한 지 1년도 되지 않았다. 하지만 회원 중 일부 중년 여성들이 헬스장에서 상식 밖의 행동을 해 각종 민원이 제기됐고, 기존 회원들의 무더기 탈퇴로 이어졌다고 한다. 결국 헬스장 사장은 참다못해 진상 아줌마 출입금지를 선언한 것이다. 헬스장 사장은 이곳은 단지 운동을 위한 곳인데 일부 아줌마들이 헬스장이 무슨 마을회관인 줄 알고 와서 과일 깎아 먹고, 떡 먹고, 지인 뒷담화하고, 더하여 그들은 비누, 수건 등의 비품을 몰래 챙기는가 하면, 다량의 빨래를 하고, 서로 간의 외모 품평을 가감 없이 나누기도 했으며, 남녀 회원들 상대로 노골적인 시선을 던지며 헬스장에서 주로 입는 옷과 관련해 성희롱 발언까지 일삼았다고 한다. 결국 일부 헬스장 회원들이 사장에게 사안의 심각성을 알렸다고 한다. 실제로 헬스장 내부에는 '빨래 금지'라는 안내 공지가 붙어 있지만 막무가내였단다. 사장은 그렇게 11개월을 참아왔다. 그들도 자신의 회원이었기 때문이라면서….

그러면서 사장은 어릴 적부터 어머니께서 슬기와 지혜를 강조하셨다고 했다. 그래서 그동안 일부 회원들이 상식 밖의 행동을 해도 싫은 소리 한 마디도 안 했지만 상식 밖의 행동을 하는 사람들 때문에 결국 많은 회원들이 환불을 요구했다. 결국 몰염치한 아줌마들로 인한 손해가 무려 1억 원에 달한다고 주장했다.

슬기와 지혜를 가르쳤다는 사장의 어머님과 현재 노인 대열에 들어선 아줌마는 왜 이처럼 다를까? 분명 그들보다 더 많이 배우고 비교할 수 없는 풍요를 누리는데 하는 짓은 남에게 피해를 주는 것뿐이다. 대체 어디에서 온 행동일까? 앞서 말했듯이 전쟁으로 인해 극한 빈곤을 경험했던 1950년대 전후 출생자들은 모두 같은 천민 의식으로 출발했기 때문이다. 비록 오늘날 겉으로는 다른 모습이라지만 전쟁 직후 폐허에서 배고픔을 뼛속까지 겪은 세대이기에 무조건 움켜쥐고 나누지를 못하는 것이다.

그래서 옛날 옛적에 나의 할머니를 생각했다. 나의 할머니는 학교 근처에도 가보지 못했던 무학이다. 그러나 할머니는 글을 읽었다. 저녁이면 불경을 읽던 기억이 난다. 할머니는 10식구를 먹이는 것도 모자라 거지에게 밥상까지 차려 먹이는 긍휼함이 있었다.

할머니는 삶의 철학도 분명했다. 봄에 심어 둔 호박이 여름날 무성하게 자라 담장을 넘기 시작한다. 더러는 담장 밖에서 열리는 호박을 개의치 않았다. 어린 내가 누가 따가면 어쩌냐고 안달을 하면 대답해 주었다. 내 집 밖을 넘은 것은 우리 것이 아니라고. 그러면서 인생은 욕심낸다고 다 가질 수 있는 게 아니라고 했다. 하나님은 내 밭에 추수한 후 떨어진 나락을 절대 줍지 말라고 하셨다. 하나님을 믿지 않았던 할머니는 어떻게 하나님의 가르침을 알고 실천했는지….

그런 할머니가 내 기억이 뚜렷하게 남아 있는 한 장면이 있다. 내가 중학교를 다닐 때 할머니가 간혹 서울에 있는 우리 집에 오실 때가 있었다. 서울역 기차에서 내린 할머니는 여지없이 한복을 곱게 차려입고 있었다. 우리는 할머니를 맞이하고 택시를 타서 집에 오는데 택시가 지금은 사라져 버린 청계천 고가 도로를 올라타기 시작했다. 그런데 그때 할머니는 멀미가 심하다며 바로 토할 자세였다. 고가 다리에서 차를 세울 수도 없는 지경이었다. 요즈음처럼 검은 봉지도 없었다. 어린 나도 곁에서 할머니가 토하면 어떻게 하지, 하며 조마조마한 순간에 할머니가 갑자기 신고 있던 하얀 버선을 확 벗더니 그 안에 바로 입을 대고 토하기 시작했다.

내 평생에 지워지지 않는, 할머니가 보여준 지혜의 진수였다. 혹시나 택시 안에서 토하면 어쩌나 하며 백미러로 힐긋힐긋 뒤를 보던 운전기사가 안도하는 걸 보고 나는 할머니가 자랑스러웠다.

나라도 빼앗기고 역사 이래로 남존여비 사상으로 인해 여성은 마치 노예처럼 취급받던 시절에 태어난 나의 할머니가 이처럼 지혜가 충만했던 것이 나의 상식으로는 알 수가 없다. 그러나 성경에는 지혜는 오로지 하나님으로부터 온다고 했다. 그래서 지혜는 세상에서 배운 지식과 전혀 상관이 없다고 한다. 특히 하나님은 여자에게 그런 지혜를 주셨다고 한다. 지혜는 인간의 이성을 뛰어넘는 영적인 기능이다. 그것은 배워서 아는 것이 아니라 하나님과 소통하면서 하나님의 지혜를 그대로 받는다고 했다.

지혜의 서, 잠언서에 이런 구절이 있다.

"어리석은 자들아, 너희가 언제까지 그렇게 어리석은 것을 좋아하려느냐? 비웃는 자들아, 너희가 언제까지 그렇게 비웃는 것을 기쁨으로 삼으려

하느냐? 미련한 자들아, 너희가 언제까지 그렇게 배우려 들지를 않느냐? 너희는 이런 내 말을 듣고 돌이켜라. 그리하면 내가 내 지혜의 영을 너희에게 쏟아부어 너희가 내 말을 깨달아 알게 해 주겠다.”

29
흥을 쫓는 할매들

중학교 동창 중에 트로트 열혈팬이 있다. 특히 김호중에게 매료되어 그의 CD를 사서 주변 사람에게 돌린다. 또한 열혈팬답게 팬클럽에도 가입하고, 더하여 후원회까지 만들어 그의 공연이라면 빠지지 않고 간다. 관절이 아픈 그녀는 다리를 절뚝이며 공연이 시작되는 그날부터 공연장 주변에서 살다시피 했다. 그렇게 공연장에 들어가면 아이돌에 열광하는 청소년들처럼 발광 머리띠를 두르고 열창을 하며 즐긴다고 한다.

이처럼 그저 취미를 넘어 노년에 생을 거는 듯한 모습에 의아해하며 그렇게까지 해야 하는 이유를 물으니 한이 많아서 그렇단다. 하기는, 오늘날과 같은 세상을 살다 보면 억울할 만도 하다. 초등학교 동창이었던 내 친구는 유독 공부를 하고 싶어 했지만 중학교에 진학하지 못했다. 초졸이 전부인 그녀의 학력이 남은 생을 평생 아프게 따라다니는 것 같았다.

한국 전쟁 직후 태어난 1950년대 출생자들은 그 어느 세대보다 학력 편차가 심했다. 전통적으로 아들 선호 사상이 강한 민족성에, 전쟁이 끝나고 폐허가 되어 가난만 남은 땅에서 유일한 희망은 오로지 장남을 공부시켜야 가문을 일으킬 수 있다는 생각뿐이었다. 그 아들 하나를 위해 남은 자식들은 노동력을 제공하며 희생을 강요받았다. 당시 중학교는 입시를 봐야 했고 무상 교육이 아니라 매달 수업료(월사금)를 학교에 지급했으니 성적이 안 되거나 돈이 없으면 갈 수 없었다.

빈농의 딸로 태어난 내 친구는 5남매 중에 유일하게 장남인 오빠만 대학교에 진학했다. 그 하나를 위해 남은 형제는 모두 희생했다. 친구는 상급학교 진학을 포기하고 그 오빠의 등록금 일부를 벌기 위해 공장에 취업하여 고향을 떠났다. 비록 초등학교 동창이었지만 이처럼 가정 형편에 따라 학력이 초졸에서 대졸까지 편차가 생겼다. 그래서 베이비부머 세대 중 1950년대 전후 세대가 유독 공부의 한이 많은 세대다. 이조 500년이 한순간에 몰락하고 일제 강점기를 지나 뿌리 깊은 신분의 차이는 없어졌다지만 전쟁 이후에 격변기를 통해, 학력으로 인해 차별받는 고통이 가슴에 새겨진 세대다.

그랬던 그녀의 소식을 들은 것은 1990년이었다. 우리 나이 30대 중반이었다. 그녀가 강남에서 바지락 칼국수 집을 열었는데 대박을 터트렸다는 것이다. 동창들은 소문의 진상을 위해 그녀가 운영하는 칼국수 집에 가보았다. 정말 맛집으로 소문이 나서 길게 늘어진 줄을 보고 놀라울 따름이었다. 대부분 월급쟁이 남편을 둔 동창들은 그녀가 마냥 부럽기만 했다. 그녀는 초등학교 동창들인 우리에게 당당하게 그동안 살아온 이야기를 들려주었다.

나이 16살에 서울에 상경하여 공장에 취업하여 월급을 고스란히 집으로 보냈다고 했다. 그동안 오빠도 대학을 졸업하고 그녀는 공장을 그만두고 22살에 결혼을 했다고 한다. 당시 중소기업에 다니는 남편을 중매로 만나 결혼을 했다고 한다. 그리고 3자녀를 낳아 키우지만 남편의 월급으로는 도저히 생활이 되지 않아 음식 솜씨가 남달랐던 그녀가 바지락 칼국수 집을 오픈했는데 대박을 터트린 것이다.

이후로 그녀의 재산은 빠르게 증식했다. 강남의 고가 아파트에서 살면서 작은 건물까지 샀다고 했다. 그러나 그녀가 50살 중반에 접어들자 고된 식당 일로 관절이 망가져 결국 가게를 접었다.

그랬던 그녀가 환갑을 넘긴 나이에 트로트에 푹 빠져 있다. 비록 남다르게 고생은 했지만 그녀만큼 인생 역전을 이룬 동창도 드물다. 그런데 정작 그녀는 만족하지 못한 모양이다. 거기다가 가족들은 그저 집에서 TV로 보는 것으로 만족하라고 한단다. 몸도 성치 않은데 굳이 공연장을 쫓아다니고, 팬클럽 회원이 되어 여기저기 쫓아다니는 것이 자식이나 손주 보기에 불편한 모양이었다. 그러면서 공연 표를 예약을 해달라고 하면 손주도 불편한 기색이 역력하단다. 친구는 그럴 때마다 자식

소용없다며 자기가 번 돈 다 쓰고 죽을 거라는 말을 공개적으로 한다.

내가 기억하는 내 친구는 가족을 위해 희생했었다. 가족을 위해 상급학교 진학도 포기하고 어린 나이에 공장에 취업하여 가족을 위해 희생했었다. 그 결과 중년에 남과 다르게 큰 부자가 되었다. 그런데 노년에 접어들어 이처럼 억울한 마음만 든다니…. 최근에 그녀가 좋아했던 가수 김오중이 불법을 저질러도 용서해 주어야 한다고 서명운동까지 한다. 왜냐하면 너무 불쌍하게 자랐다는 자기 감정까지 품고서….

친구야, 너는 분명 성공한 인생이다. 비록 초년에 소원하던 꿈을 이루지는 못했지만 여자의 힘으로 부를 이룬 것은 아무나 할 수 있는 일이아니란다. 하지만 그런 힘은 바로 그때 이루지 못한 열망 때문이 아니었을까? 나는 지금도 그때 너의 열정을 잊을 수가 없단다. 가족을 위해 그토록 하고 싶었던 공부를 포기하고 공장에 취업했을 때 야학에서 공부를 하여 중학교 검정고시에 합격했고, 이후로 방송통신 고등학교에 입학하여 고등학교 졸업장까지 땄다는 네가 참으로 자랑스러웠다. 이제그런 네 인생에 자부심을 가지고 옛날 옛적에 네가 가족을 위해 희생했던 그 마음을 가지고 다시 가족을 사랑하면 안 될까? 노년에 오히려 그런 취미에 생을 거는 집착은 너의 위대한 인생, 전부 부인하는 것이 아닐까?

친구야, 나는 노년은 새로운 시작이 아니고, 살아온 인생을 아름답게 마무리하는 것이라 생각한다. 아름다운 마무리 별거 없어. 어떤 인생을 살았든 내 인생에 자부심을 갖고 내가 인정하면 되는 거야. 또 그 옛날 네가 너의 인생을 포기할 만큼 베풀었던 사랑을, 다시 가족에게 돌려주면 되지 않을까? 취미는 그저 취미이고, 타인은 그저 타인일 뿐이란다. 부디 너의 인생을 다시 찾으려무나. 한이 많으면 천국에 가기 어렵다더라.

30

지혜자를 쫓는 내 친구

고등학교 동창인 그녀는 대학을 졸업하던 해에 대기업을 다니는 남자와 결혼하였다. 비록 대학에서 국문학을 전공했다지만 졸업 후 취업이 안 되어 결혼을 하고 전업주부로 살아왔다. 그녀가 결혼을 했던 1980년대 대한민국 경제는 초고속 성장을 시작하면서 남편은 성장하는 대기업의 직원으로 불철주야 일을 하고 대기업의 별이라는 임원까지 승진했다. 친구는 그런 남편을 내조하며 두 자식을 낳아 잘 키웠다. 덕분에 강남의 아파트에 살고 외제 차를 몰 정도의 중상류층의 삶을 산다.

그런데 친구는 남편의 은퇴를 앞두고 심한 불안감에 휩싸여 있었다. 친구는 결혼하고 평생 동안 일만 했던 남편이 일을 그만두고 집으로 들어온다고 생각하니 잠이 오지를 않는다고 한다. 대한민국 베이비부머 세대가 은퇴를 앞두고 유독 아내들의 근심이 크다. 부부로 40여 년을 살았다지만 함께한 시간이 많지 않았기 때문이다. 경제 부흥과 함께 남편은 오로지 직장 생활을 하느라 야근은 물론 잦은 회식에 해외 출장까지 다니다 보니 남편은 그저 생활비를 주는 손님 같은 존재였다. 물론 아내는 남편이 없는 가정에서 혼신을 다해 자식들을 키워냈다.

그러다 보니 노년을 함께 보낸다는 기쁨보다 두려움이 앞서는 것이다. 그리고 친구들 사이에는 이미 퇴직한 남편에 대한 흉흉한 소문이 돌고 있었다. 신발에 붙은 젖은 낙엽처럼 아내 곁에서 절대 떨어지지 않는다고 하기도 하고, 집에 틀어박혀 세 끼 밥을 달라고 하며 온갖 잔소리를 퍼붓는다는 등등….

사실 고통은 예견됐을 때 실제보다 더 아프게 느껴진다. 흔히 줄을 지어 차례로 매를 맞는다고 하면 앞에서 맞는 소리만 들어도 어떤 이는 맞기도 전에 쓰러지기까지 한다. 사회학자 안토니 기드슨은 현대인의 특징 중 하나가 간접 경험이 직접 경험의 우위에 있다고 한다. 본인이 직접 겪지 않았지만 주변에서 들려오는 수많은 정보로 자신의 문제를 판단해 버린다. 다시 말해서 결혼도 하기 전에 이혼을 염려하는 꼴이다. 그러니 미래를 향한 희망보다는 남이 들려주는 사례에서 절망부터 계산하며 염려 근심에 빠진다.

하지만 얀 그레이스 호프는 좋은 책이란 우리가 생각하는 것을 주는 것이 아니라 우리가 확신하는 것을 빼앗아가는 것이라고 했다. 인간의 예측처럼 허망한 것이 없는데 그저 말발이 있는 몇 사람들의 소리에 현혹되어 내 인생을 망치지 말라는 뜻일 것이다.

그럼에도 내 친구는 오로지 타인의 소리에만 귀를 기울였다. 나름 최고 학부라는 대학을 나와 대기업의 이사까지 올라간 남편 덕에 사모님 소리까지 듣고 남들이 부러워하는 아파트에 살면서 세계 각국을 여행하기까지 했던 그녀가 지혜를 찾아다닌다고 한다. 김창옥이라는 말솜씨 좋은 50대 남자란다. 그는 성악을 전공했지만 강연으로 사람에게 힐링을 주는 사람이란다. 친구는 그를 열광하는 팬으로 그의 강연을 쫓아다닌다.

　급기야 그녀는 퇴직한 남편을 데리고 강연장에 갔다고 한다. 남편도 그의 말을 듣고 변해야 한다는 생각을 하면서. 남편이 강의실에 들어서자 그의 강의를 들으려고 수백 명이 앉아 있는 것에 놀라더란다. 수강생 중 대부분인 노년의 여자들이 앉아 강사의 강의를 기다리는데 드디어 그가 무대로 나오자 여자들은 일제히 열광했다. 강사가 그런 관중들에게 화답한다고 촐랑대며 기이한 표정을 짓자 여자들은 더 요란한 박수까지 치고 친구도 덩달아 환호했단다. 그러자 남편은 집에서는 인상만 쓰던 친구의 표정이 밝아지는 걸 보고는 기이하게 바라보더란다. 강의가 시작되자 강사는 마치 세상의 모든 것을 다 이해한다는 도인처럼 서로를 이해하라는 조언을 재치 있게 풀어나가더란다. 친구는 강의에 푹 빠져 남편도 강의에 감동받은 줄 알았단다. 그러나 강의장을 빠져나오면서 한마디 하더란다.

"미친년들, 돈까지 주며 이런 허접스러운 것을 듣고 다니다니⋯. 평생 남편이 뼈 빠지게 번 돈을 결국 이런 데다 쓰다니."

친구는 모임에 나와 이런 남편을 비난하며 분통을 터뜨렸다. 시대에 뒤떨어진 속 좁은 남자라며. 그때 내가 말했다.

"남자는 다른 사람의 말을 안 들어. 남자는 수컷 본성이 있어서 조직에 충성하는 것을 제외하고는 누구 말도 안 듣게 되어 있어. 네 남편이 그래도 40평생 조직에 충성하고 처자식 먹여 살렸는데 네 남편의 입장에서 보면 머리에 피도 안 마른 50대 남자의 언변에 감동을 받으라고? 더구나 해 온 일을 그만두고 상심한 이때 평생 말로 먹고산 강사의 말을 듣고 인생을 바꾸라고? 너는 남편의 인생 전체를 모욕했어. 더구나 남편 덕에 그만한 호사를 누렸는데 인생 말년에 꼭 남편을 그렇게 비참하게 만들어야겠니?"

베이비부머 세대가 노년에 접어들면서 유독 여자들이 억울하다는 반응이다. 1970년대 대학을 졸업하고 직업 전선에 뛰어든 베이비부머 남자들은 온전히 부흥하는 나라 경제의 주역으로 밤낮없이 일해서 오늘날 이런 경제 성장을 이룬 것이다. 물론 아내들도 그런 남편만큼 오로지 가정을 올인했다. 그래서 자신의 인생이 송두리째 날아갔다고 불평불만을 토로하는 것이다. 환갑에 이르고 보니 한 많은 내 인생, 억울하고 억울하다며 그 이면에는 자신만 아는 이기적인 남편 때문이라고 공격을 한다.

그러다 보니 세상은 점점 남편이 반성하라는 외침을 따라 여자들이 몰려다닌다. 그러나 대부분의 베이비부머 여자들은 그런 남편 덕에 가장 풍요로운 삶을 살아온 세대다. 정도의 차이는 있지만 그래도 남편이 가정을 위해 열심히 살아준 덕분인데 오히려 그 남편에게서 상처를 받았다며 엉뚱한 남자를 찾아다니며 위로를 받는 오늘의 세태를 어떻게 이해해야 하는지. 더구나 은퇴한 남편까지 데리고 가서 듣고 반성하라니.

인간의 심리를 가장 잘 분석했다고 평가 받는 융도 말한다. 무슨 수로 남자가 여자 심리를 알고, 여자가 남자 심리를 알겠느냐고. 평생 살아온 남편을 버리고 생판 모르는 남자를 쫓아다니며 위로를 받겠다는 여자들. 손주까지 보고 환갑을 넘긴 나이에….

이런 친구를 보며 또 옛날 옛적에 우리 할머니가 생각났다. 독실한 불교 신자였던 할머니를 따라 절에 가고는 했었다. 할머니는 법당에서 스님들이 불경을 읊으실 때 할머니의 독경은 스님들을 능가하였다. 그리고 스님들과의 대화에서도 거침 없는 독설을 날리셨다. '지옥에 가면 중, 목사, 신부들이 가득이야, 모두 노동하지 않고 남의 돈 먹는 자들이야' 하며….

그런 쓴소리를 거침없이 하는 할머니지만 절에 가면 극진한 대접을 받아 나도 으쓱했었는데…. 초등학교 근처도 가보지 못한 할머니보다 100배나 더 많이 배웠다는 우리 노년의 모습은 왜 이리 다른지.

그저 내 인생은 나의 것이다. 세상에 어떤 고통도 내 손톱 밑의 상처만큼 아프지 않다고 한다. 되돌아보면 수많은 고난과 역경을 딛고 노년에 이르렀다. 그저 말쟁이가 들려주는 몇 마디 말에 감동을 받아서 힐링이 된다니. 그동안의 경험이 아깝지 않을지….

31
지혜자나 어리석은 자나

50살을 넘길 즈음 제법 인생이 눈에 보이는 것 같았다. 누군가 인생의 황금기가 언제인가를 물으면 바로 50살을 전후한 나이가 아닐까 하는 생각이 든다. 50살의 고지에 올라 되돌아본 인생길은 나름 열심히 살았다지만 그저 멋모르고 살았다는 생각이다. 어쩌다 부모의 자식으로 태어나 부모의 영향에서 벗어나지 못한 채 살았고, 청년기에 멋모르고 결혼을 하고 멋모르고 자식을 낳아 키우면서 주변 사람과 갈등하고 또 자신과 갈등한 것은 바로 처음 가보는 길이었기 때문이 아니었을까?

그러나 중년이라는 50살 고지에 이르고 보니 그동안 두려움으로 짓눌렸던 것에서 해방되었다. 특히 자식이 대학을 가고 나니 자신에 대한 정체성을 찾는 것 같았다. 남편이나 시댁 식구들도 더 이상 적수가 아니고 비로소 손아귀에 들어온 것이다. 흔히 산전수전 공중전까지 다 겪었다는 자신감으로 충전했다. 그동안 남이 흔드는 칼 위에서 춤을 추었다면 이제 내가 칼의 손잡이를 잡고 흔들 만한 내공이 쌓인 것이다. 그래서 그동안 내 의견을 말하는 것을 주저했지만 이제는 거침이 없다. 그리고 그동안 눌렸던 내 인생을 찾으려는 행동도 주저하지 않는다. 그러나 과하면 부족함만 못하다고 하지 않던가? 그래서 모든 현자들이 이구동

성으로 중용을 강조하는 것이리라.

이처럼 자신의 정체성을 찾고 인생을 주도적으로 살려는 즈음 뜻하지 않은 아픈 소식도 들려온다. 고등학교 동창이 위암으로 죽었다는 소식이다. 그녀는 잘나가는 친구 중 한 명이었다. 고등학교 3년 내내 전교 수석을 놓쳐 본 적이 없는 수재였다. 그녀는 그런 실력으로 명문대학 의과대학에 합격했다. 당시 의과대학에 입학하는 여자가 손으로 셀 수 있을 만큼 희귀한 시절이었다. 그러나 그녀가 졸업하던 1980년 초까지만 해도 실력과 무관하게 여자라는 이유로 불이익을 받았다. 그래서 그녀가 그토록 원하던 신경외과 전공에서 밀려나고 어쩔 수 없이 산부인과를 전공하게 되었다. 그리고 개인 병원을 차리게 되었지만 당시 산부인과가 대세로 호황인지라 대학병원에서 근무하는 것보다 수입이 높았다. 그러나 자신은 돈보다 대학병원에서 외과 교수로 인정받고 싶다고 했다. 그러면서 자기보다 실력이 없는 남자 동창생은 대학병원의 교수로 존경을 받는데 자신은 이게 무어냐는 한탄을 했다. 하지만 동창들은 그만하면 성공한 인생이라며 남편도 대학에서 교수를 하고 두 아들도 공부를 잘하는데 더 바라면 욕심이 아닐까 하면서….

그렇게 갈등하며 살던 그녀는 둘째 아들이 대학에 들어가던 해에 더 이상 엄마가 필요하지 않으니 이제 자신이 원하는 인생에 도전해 보겠다고 했다. 그녀는 나이 50살에 선택한 것은 바로 미국의 의과대학에 입학하여 공부하는 것이었다. 그녀는 자신이 전공했던 산부인과를 포기하고 세계적으로 명성이 높은 존스 홉킨스에서 해부병리를 택했다. 그렇게 나이 51살에 못 이룬 인생의 꿈을 향해 유학을 떠났는데 1년 만에 들것에 실려 입국했다.

미련이 남아 다시 도전한 공부였지만 가는 날부터 머리카락이 한 움큼씩 빠지는 스트레스에 시달렸단다. 하지만 이왕 시작했으니 버티자고 했건만 병만 점점 더 깊어졌다고. 그리고 꿈을 꾸기에는 너무 늙은 나이였던 모양이라고. 그 꿈에 사로잡혀 있던 나이는 사라졌는데 그저 꿈만 움켜쥔 것 같다며. 나이 따라 꿈도 변했어야 하는데 왜 병들고 그것을 알게 되었는지 모르겠다며 죽어갔다.

환갑을 넘기고도 장수 시대라며 급변하는 세상에 미처 이루지 못한 것에 대한 미련을 버리지 못하는 것도 이 세대의 특징이다. 모든 것을 다 누려보았다는 솔로몬이 전도서 했던 말, 헛되고 헛되고 헛되고 헛되다고 한탄하며 죽었다. 그러면서 역사 이래로 가장 지혜로웠다는 솔로몬은 전도서를 통해 말한다.

"그때 나는 혼자 이런 생각을 해보았다. 나는 지혜를 많이 쌓았지 않았는

가. 나는 누구보다 더 많은 지식을 쌓았고, 더 많은 지식을 얻지 않았는가. 그래서 나는 무엇이 지혜롭고 슬기로운지 알려고 온 마음을 쏟아 깊이 살펴보았도다. 그러나 그것도 헛된 짓! 그 또한 하늘의 뜬구름을 잡으려는 것처럼 모두 부질없는 일이다. 오호라 지혜가 많으면 근심도 더 많아지고, 아는 것이 많을수록 걱정도 더 많아진다. 그저 사람이 먹고 마시며, 자신이 수고하는 모든 일에 보람과 만족을 느끼면서 살아갈 수 있다면 그것이야말로 하나님께서 사람에게 준 은총의 선물이리라."

베이비부머 세대 여자들, 참으로 치열하게 살았다. 절대로 엄마처럼 살지 않겠다는 일념으로 의사도 되고 판사도 되고 교수도 되고 정치가도 되고 기업가도 되었다. 남들이 부러워하는 그 자리에 서기까지 죽을 힘을 다해 살아왔다. 그러나 박수 칠 때 내려오라 하지 않던가? 이만하면 됐다고 하는 만족감이 없는 것도 베이비부머 세대의 특징이다.

요즈음 떠도는 말이 있다. 여자 나이 50살이면 지적 평준화란다. 배운 여자나 안 배운 여자나 같아진다는 말이다. 더하여 60살이면 미의 평준화란다. 주름진 얼굴 성형해 봤자 큰 차이가 없다는 말이다. 또한 70살이면 부의 평준화로 돈의 의미가 없어진단다. 다시 말하면 그동안 세상에서 즐기던 먹고 마시던 욕구가 사라진다고 한다. 80살이면 생과 사의 평준화란다. 산 자나 죽은 자나 같다는 소리다. 120세 장수 시대라지만 강건하면 80살이라고 했다. 인간이 독립적으로 자기 주도적인 삶을 살지 못하면 죽은 것과 다름이 없다고 하건만….

 그저 인생의 마지막 길, 지혜자도 죽고, 어리석은 자도 죽고, 부자도
죽고, 가난한 자도 죽고, 죽고, 죽고, 죽고….

32
독신녀로 살아온 내 친구

베이비부머 세대의 여자가 이전 부모 세대와 다른 것 중 하나가 독신으로 산 여자가 많아졌다는 것이다. 여자로 태어나 결혼은 당연한 것으로 알았지만 여자가 경제활동을 하고 사회적인 역할을 수행하면서 결혼의 시기를 놓친 것이다.

내게도 그런 고교 동창이 있다. 요즈음 말하는 모태 솔로인 셈이다. 그녀는 언론계에 종사하며 큰 무리 없이 자신의 커리어를 관리하며 살아왔다. 50대에 들어서 박사 학위에 도전하여 은퇴 후를 준비했다. 그런 그녀를 바라보는 친구들은 대부분 부러워 견딜 수가 없다고 했다. 청춘에 멋모르고 결혼을 하고 남편에 구속되고, 시댁 식구와 갈등하고 자식들 뒷바라지하다가 정작 자신의 인생은 송두리째 사라져 버렸다는 불평을 늘어놓으면서…

그런 그녀가 느즈막에 결혼을 하고 싶다는 생각을 표현하자 친구들은 일제히 반대했다. "아니 왜? 네 팔자가 최고야. 결혼 별거 없어. 늙고 보니 남편 자식 다 소용없어. 있는 남편도 떼어낼 판에 그 나이에 무슨 결혼?" 하며… 하지만 그녀는 지들은 결혼하고 이날까지 살았으면서 왜

우리들의 이야기

나한테는? 이런 불만의 표정만 지을 뿐이었다.

그녀는 동창 모임에 나오지만 활발하게 자기 의견을 내놓지 않고 주로 듣는 편이다. 그렇다고 그녀가 전혀 자기 의견이 없는 것도 아니다. 자신의 전공과 관련된 분야에 대해서는 아주 논리정연하다. 그러나 그녀는 아줌마로 살아온 친구들의 수다 앞에서는 맥을 추지 못한다. 그러면서 친구는 어쩌면 앞뒤도 안 맞고 정확한 근거도 없는 말들을 저렇게 거침없이 내뱉는 아줌마의 용기가 대단하다고 혀를 찬다. 같은 세대를 살아온 여자의 일생이지만 가정을 이룬 아줌마와 모태 싱글녀의 태도는 이처럼 아주 달랐다.

그러던 어느 날 친구는 모임에 나와서 생이빨을 뽑혔다고 분통을 터뜨렸다. 오른쪽 어금니가 아파서 갔는데 정작 왼쪽 이빨을 뽑혔다는 것이다. 그 소리에 친구들은 일제히 놀라 어떻게 그런 일이 일어날 수 있느냐고 놀라 물었지만 정작 당사자는 체념한 목소리로 말했다. 예전부터 다니던 치과 의사가 극구 용서를 구하는데 어쩌냐며…. 그러자 친구들은 그런 놈을 그냥 두면 안 된다며, 당장이라도 달려가 그놈의 이빨을 몽땅 뽑아야 한다는 둥, 손해 보상 청구를 10배로 해야 하고, 악플을 수백 개 달아서 문을 닫게 해야 한다고 하지만 그저 그녀는 듣고만 있을 뿐이었다.

누가 봐도 사회적인 직위나 역할에 전혀 뒤지지 않는 그녀이건만 이처럼 개인적으로 생활에 부딪히는 태도는 세상 경험이 없는 여린 소녀 같았다. 그즈음 친구는 또 다른 일을 겪었다. 그녀는 마당이 있는 단독주택에 사는데 옆집과 경계선에 있는 나무를 옆집에서 잘라버렸다는 것이다. 10여 년이 넘는 세월을 옆집과 키가 큰 나무로 경계선을 치고 살았는데 그녀와 한마디 상의도 없어 베어버렸다며 항의조차 못 하고 가슴앓이만 하고 있었단다. 그런데 주변의 이웃이 달려가 멋대로 나무를 잘라 명백한 불법이라며 항의를 하자 옆집에서도 사안의 심각성을 인지하고 사과했다는 것이다.

그녀는 이웃 사람과 딱히 관계를 맺지 않고 고립되게 살아왔었다. 하지만 그런 그들이 이처럼 힘이 될 줄은 몰랐다고 했다. 그러면서 세상을 살다 보니 문제 해결에는 시시비비를 가리는 논리보다는 어떤 기세가 있다는 것도 알게 되었다고 했다. 그 힘은 바로 흔한 세상의 잣대로 돈과 권력, 지식으로 이기는 힘이 아니라 뒤에서 바쳐주는 존재감이 아닐지.

존재감, 뒤에서 바쳐주는 그 힘은 바로 엄마라는 존재감 같은 것이 아니었을까? 어린 기억에 나는 집에 엄마가 있다는 생각 하나만으로도 난 자유했다. 겁이 많은 나였지만 개구쟁이 남자아이들이 판을 치는 골목에 나가 노는 것도 두렵지 않았다. 간혹 평소에 나를 괴롭히는 철수에게 공연한 시비를 걸기도 한다. 그렇게 철수의 약을 올리다가 이내 철수가 씩씩대며 달려들면 냅다 대문을 향해 달려가며 소리친다. "엄마! 철수 좀 보세요!" 그리고 대문을 꽝 닫고 들어가 고개만 내민 채 혀를 날름거리며 철수의 약을 올린다. 그러면 철수는 허공에 주먹을 날리며 씩씩댄다. "나오기만 해 봐 죽었어"

마땅히 놀 곳이 없던 그 시절, 온 동네 아이들이 골목에 나와 놀던 오래전 기억이 새롭다. 엄마가 특별히 내 편을 들어 준 적도 없는데 존재감만으로도 용기가 생겼건만. 어쩌다 학교에서 돌아왔는데 엄마가 집을 비우면 영락없이 풀이 죽어 마루 끝에 앉아 대문을 바라보며 엄마를 기다렸다.

그리고 부모를 떠나 대부분 한 남자를 만나 결혼을 하고 자식을 낳는 과정에 여자는 그런 엄마를 대신하는 힘이 다시 생긴다. 바로 남편이라는 존재다. 그래서 여자는 결혼을 하고 자유함을 얻는다. 흔히 결혼이 여자를 구속한다지만 오히려 자유롭게 한다는 사실이다. 결혼 전에는 세상에 모든 남자가 자신의 것이라는 가능성에 주변의 남자를 살피고 신경을 쓰느라 본래의 모습을 드러내지 못한다. 하지만 여자에게 인생의 숙제와 같은 결혼을 치르고 나면 더 이상 고민할 필요가 없어진다. 거기다가 자식까지 낳고 나면 세상에 두려울 것이 없어진다. 여자는 생명을 걸고 출산하면서 다시 생명을 잉태하기 때문이다.

　그래서 결혼 전에는 온갖 내숭을 떨면서 방귀조차 뀌지 않으려던 소심함에서 결혼하고 나면 화장실 문을 열어 놓고 볼일을 보는 뻔뻔함은 결국 내 남자라는 나무에 둥지를 틀었기 때문이다. 둥지도 없이 창공을 나는 새를 보는 사람들은 한없이 자유로움을 느낄지는 모르지만 정작 새는 끊임없는 날갯짓으로 살아남기 위한 몸부림만 치느라 정작 진정한 자기의 가치를 못 찾는지도 모른다.

　발달 심리에서 보면 여자는 결혼 후에 급격하게 발달한다고 한다. 반면에 남자는 결혼 후에도 크게 달라지지 않는다고 한다. 이유는 여자는 결혼하여 자신이 살았던 집을 떠나 남편의 가족에 적응하고 자식을 잉태하고 낳아 키우는 변화에서 발달해 나가기 때문이란다. 이러다 보니 결혼 후 환경의 변화가 크지 않아 발달이 정체된 남편에 비해 결혼 전에 자신감을 키우지 못했던 아내는 점점 더 발달해 나가는데 특히 사람을 꿰뚫어 보는 직관력과 분별력이 발달한다고 한다. 더하여 어린아이 수준의 머물러 있는 남편의 어리석은 심리를 보며 아내는 점점 더 발달한다고 한다.

　결국 여자는 결혼을 통해 한 남자에게 구속되면 세상의 모든 남자로부터 자유로워진다. 오히려 한 남자에게 구속되지 않으면 모든 남자에게 혹시나 하는 마음에 구속되는 것은 아닐지. 결국 여자는 결혼 전에 엄마의 존재감으로 자유와 힘을 얻어 세상 사는 지혜를 배우고, 결혼 후에는 남편이라는 존재감으로 당당한 아줌마가 되어 무소불위의 힘을 발휘하는 것은 아닐지. 그래서 모태 솔로인 내 친구는 어머니가 돌아가시고 더욱 위축되어 살고 있다. 남편이라는 존재감이 없으니 소녀 같은 감상에 젖어 사는 것은 아닐지.

33
친구야 결혼해라

결국 모태 솔로로 살던 내 친구가 연애를 한다는 소문이 들려왔다. 친구들은 마치 자기 일처럼 관심을 쏟았다. 50줄에 들어서 자식들은 장성하고 그다지 할 일도 없는 친구들의 호기심을 자극한 것이다. 그러면서 훈수를 두기 시작했다. 다 늙어서 남자 밥해 줄 일 있느냐며 그저 연애나 하라고. 그런 대다수의 의견에 반해 나는 친구에게 결혼을 적극 권장했다. 이제 곧 닥칠 은퇴를 대비해서 함께할 사람이 필요하다며, 인간이 어떤 일을 하든 관계성만 남기 때문이기에, 홀로 노년은 외롭고 길기만 할 거라며.

그러던 어느 날 친구는 나를 개인적으로 만나자고 했다. 사랑에 빠져 활기찰 거라는 내 생각과 달리 그녀의 표정은 어두웠다. 상대 남자가 싫지는 않지만 결혼 상대는 아니라고 했다. 그녀의 나이보다 8살이 더 많고, 집도 없고 가진 돈도 없다는 것이다. 도대체 이 나이에 그런 남자와 살 이유가 없다고 했다. 그래서 내가 헤어지면 되지, 무슨 고민이냐고 하자 친구는 그것도 쉽지 않다는 것이다. 50여 년 동안 혼자 지내다가 함께 있는 즐거움도 알게 된 것이다.

상대 남자가 비록 60살에 이르렀지만 기자 출신이고 당시 정치에 발을 들여서 다양한 사람들과 만나는 것을 즐겼다. 친구는 오로지 일에 몰입하느라 인간관계의 폭이 넓지 않았는데 그를 따라다니며 새로운 사람들과 만나면서 신선한 충격을 받았다. 조직에서의 이해관계를 탈피하며 다양한 주제로 대화를 나눈 것도 친구를 기쁘게 했다. 더하여 상대 남자와 연극도 보고 풍관 좋은 카페에서 차를 마시면서 비로소 사는 맛을 느낀 모양이다. 남자에게 그런 감성도 있는 것 같았다. 친구와 잘 어울릴 것 같은 생각이 들기도 했다.

나는 그 사랑을 놓치지 말라고 했다. 친구는 남의 일이라 쉽게 말한다고 반문했다. 모두들 다 늙어서 돈도 없는 늙은이 시중들 일 있느냐며 반대한단다. 친구 주변에는 아무도 남아 있지 않다. 부모님은 모두 돌아가시고 식솔 딸린 형제들도 자기 살기에 바빠서 남처럼 지낸다고 한다. 그런 친구가 남은 생을 홀로 살기에는 너무 길고 무료할 것이다. 비록 경제력을 갖추지는 못했지만 취미를 나눌 수 있다면 다행한 일이 아닐지. 나는 친구에게 말했다.

"친구야, 나이 들어 둘만 바라보고 살면 네가 가진 것으로도 둘이 충분히 먹고산단다. 두려워하지 말고 인생을 한번 바꾸어 봐라"

그날 그녀는 고개를 갸우뚱하며 돌아갔다.

이후로 그녀는 점집을 찾아다녔다. 대부분 점쟁이의 공통된 점괘는 역시 혼자 살 팔자란다. 직업 운이 좋아 평생 먹고살 걱정도 없고 어차피 남자 복이 없으니 뒤늦게 팔자 못 고친다고…. 그러던 어느 날 친구가 장안에 유명한 점집에 예약을 해 두었는데 나에게 함께 가잔다. 마지막이라는 단서를 달고.

나는 이태원에 위치한 점집에 친구와 동행했다. 허름한 건물 2층에 위치한 방으로 들어갔다. 머리가 하얗게 센 할머니가 작은 상을 앞에 두고 앉아 있었다. 할머니는 친구가 내민 두 사람의 사주를 보며 한동안 고민하다가 말을 시작했다.

　"두 사람이 사주에 뿌리가 없다는 공통점이 있네. 그러니 이 나이 먹도록 혼자 사는 거지. 그래도 두 사람의 궁합이 나쁘지 않아."
　"이 남자는 직업도 없고 돈도 없어요."

친구가 설명했다.

　"이 남자가 가진 것은 없지만 당신이 가진 재물을 축내진 않아. 어차피 당신은 남자 덕을 볼 사주가 아니야. 재수 없으면 당신이 가진 재물을 빼앗는 남자를 만나. 이 궁합을 점수로 매기면 60점은 되네. 만일 젊은이가 이런 점수라면 살지 말라고 하지. 하지만 당신들은 살아도 돼."

할머니의 논리에 친구가 몹시 언짢은 표정으로 말했다.

"차라리 젊었으면 평균치 조금 넘는 60점으로도 살 수 있지만 다 늙어서 이런 점수로 산다는 게 말이 되나요?"

할머니는 친구를 한동안 바라보니 말을 했다.

"인생을 출발하는 젊은이에게 이런 점수가 나오면 살지 말라는 것은 갈 길이 멀기 때문이야. 더 나은 상대를 만날 수도 있으니 피할 길을 알려주는 거야. 그런데 당신들은 돈으로 행복을 좌우하는 나이가 아니야. 이제 남은 인생 가진 것으로도 얼마든지 행복할 수 있어. 오히려 늙어 돈에 집착하면 남은 행복마저 누리지를 못해. 요즈음 말이 있대. 나이 70살이 되면 부의 평준화라고…. 늙어서 돈, 돈 하지 말라는 거야. 요즈음 다들 남은 인생 돈 가지고 편하게 산다지만 그거처럼 맹랑한 소리가 어디 있어? 돈이 많아 혼자 잘 먹고 잘산다지만 혼자서 기쁜 일도 없고 슬픈 일도 없다면 그게 죽은 인생이지, 어디 살았다고 하겠어?"

곁에서 지켜본 나는 할머니는 점쟁이라기보다는 철학자처럼 느껴졌다. 할머니는 친구의 표정을 살피며 다시 말했다.

"당신 사주에 남자가 아주 약해. 그런데 올 내년에 천우신조로 남자가 나타나. 그 기회를 잡아."

"그러면 내년까지 기다리면 괜찮은 다른 남자도 나타날 수 있다는 거네요?"

그러자 할머니는 껄껄 웃으며 대답했다.

"당신 사주에 그런 남자 없어. 이 정도면 아주 좋아. 둘이 마음만 먹으면 충분히 행복할 수 있다는 말이야."

그러나 결국 친구는 그 남자와 결별을 하고 말았다. 이유는 자신이 없다는 결론을 내리고….

이후로 10년의 세월이 훌쩍 지나갔다. 50대에 결혼할 기회를 차버린 친구는 이후로 어떤 남자도 만나지 못하고 혼자 살다가 다니던 직장에서 정년을 마쳤다. 연금이 나오고 가진 재산으로 남은 생을 살아간다지만 여전히 근심에 쌓여 있다. 노년에 병이라도 나면 누가 돌봐줄지 하며. 그리고 또 말했다. 평생 해온 일을 그만두니 사는 것 같지 않다고….

친구는 10여 년 전에 헤어진 그 남자를 생각하는 것 같았다. 그 남자는 자기가 해 주는 냄비 밥을 아주 좋아했단다. 친구는 냄비 밥을 잘했다. 어려서부터 해왔던 것이라 그것만큼은 자신이 있다고 한다. 하지만 이제 더 이상 하지 않는다고 한다. 혼자 먹자고 끼니 때마다 그 짓을 하기 싫다고 한다. 대충 때우는 날이 많아서 건강이 걱정이란다. 평생 연구실에서 글쟁이로 살아서 행동이 따르지 않던 그녀가 산을 잘 타는 그 남자를 따라 산도 함께 갔었는데….

누군가 말했던가? 결혼은 해도 후회하고 안 해도 후회한단다. 그러니 하고 후회하라고 했건만. 그리고 여자는 결혼을 통해 진짜 여자가 된다고 했건만.

5부

어느새
할머니가 되었네

34

할머니라는 이름으로

인류의 발전은 개개인의 능력보다 시공간을 초월하는 사랑의 발자취로 나아갈 뿐이다. 오늘의 나는 나의 능력이기보다는 누군가의 간절한 바람의 결과일 것이다. 이 바람은 바로 나를 사랑하는 사람의 소망의 결집일 것이다. 그래서 나도 누군가를 위한 소망을 품어야 한다. 이와 같은 소망의 연결고리가 바로 여자의 자식 사랑으로 귀결된다. 그래서 하나님은 여자를 존재하게 하신 것은 아닐까?

천지를 창조하고 마지막 작품인 아담을 완벽하게 만드신 하나님은 아담에게 세상을 다스리는 권한을 주셨다. 그러나 얼마 후 하나님이 보시기에 열심히 주어진 것에만 충실한 아담이 안쓰럽다는 생각을 하신다. 그래서 아담이 혼자 있는 것이 좋지 않다며 돕는 배필로 여자를 만들어 주신다. 물론 재질도 다르다. 아담은 흙으로 빚어 후 하고 하나님의 영을 불어넣어 주셨지만 여자는 아담의 갈비뼈로 만들었다.

결국 여자는 아담처럼 독창적으로 만들어지지 않고 남자의 필요에 의해 만들어졌다. 이런 여자가 시작부터 아담을 꿰어 하나님이 금하는 사과를 따 먹게 한다. 아담을 도와 더 멋진 아담으로 만들라는 하나님의 계획은 틀어지고, 오히려 하나님과 아담의 관계를 파괴하게 만든다. 하나님에게 받던 사랑과 권한을 모두 빼앗긴 아담과 그의 아내인 여자가 에덴동산에서 쫓겨날 때 하나님이 말씀하신다.

"내가 너에게 잉태하는 고통을 더 크게 더하고 너는 고통 중에 자식을 낳고 너는 남편을 사모하고 남편은 너를 다스릴 것이다"

이런 여자의 역할에 대하여 페미니스트들은 반기를 든다. 자식을 낳고, 남편에게 복종하라고? 요즈음처럼 결혼을 기피하고 결혼을 해도 자식 낳기를 주저하고 남편을 자신의 발아래 두는 것에 성공했다는 시대에 무슨 호랑이 담배 피우던 시절의 말씀을 하시나 하고 여자들은 반문할 것이다. 그러나 성경에 나오는 하나님의 말씀은 일점일획도 바꾸지 말라고 하셨다. 다시 말하면 어떤 시대가 와도 인간에게 정한 규칙은 변함이 없다. 하나님은 남자에게 번성의 역할을 주고, 여자에게는 생육의 역할을 주셨다. 바로 이런 여자의 생육이 바로 위기에서 세상을 구하는 힘이다.

약육강식의 세상에서 남자가 확장성을 가지고 끊임없이 영역을 넓히기 위해서는 항상 위험한 지경에 빠질 수밖에 없다. 전쟁의 역사가 그치지 않은 세계 역사임에도 이처럼 인구가 늘고 발달하는 이유는 비록 아버지가 전쟁에서 죽었어도 어머니의 자궁에서는 그의 자식이 자라고 있었기 때문이다. 아버지가 죽었어도 자식을 통해 아버지가 존재하며 영속성을 이어오고 있다. 그래서 인간이 소원하는 영생은 죽지 않고 사는 것이 아니라 이처럼 자식과 자식을 이은 고리가 연결되면 바로 영생을 사는 것이리라.

흔히 여자를 대지에 비유한다. 대지를 뚫고 나온 식물은 각기 자기 모양을 자랑하며 자라나고 열매 맺지만 비바람 풍수에 속절없이 뽑혀나간다. 세상이 끝날 것 같은 자연재해에 살아남는 생명체가 있을까? 그러나 모든 것이 죽어버린 시꺼먼 대지에 이듬해 봄이 되면 여지없이 그 대지 위로 뚫고 나오는 생명체들. 자궁을 가진 여자는 모든 것을 품는 존재라고 했던가? 그렇게 품고 있다가 위기에서 다시 생명체를 만들어 내는 신비한 구조가 아닐까? 그래서 여자를 대지에 비유하는 이유는 생명의 원천이기 때문이다. 이 대지가 있는 한 지구상에 생명체가 끊어지지 않는다. 하나님이 여자를 만든 이유이기도 하다.

창세기에 하나님은 아담에게 여자를 만들어주며 가정을 이루게 하셨다. 그러나 아담의 아내인 여자가 하나님이 금하는 금단의 열매를 따 먹게 하여 결국은 근심 걱정이 없는 에덴동산에서 쫓겨난다. 에덴동산을 나와 아담과 하와는 자식을 낳고 산다. 바로 가인과 아벨이다. 그런데 큰아들 가인이 동생 아벨을 죽이는 최초의 형제 살인 사건이 벌어진다.

사실 에덴동산에서 하나님은 아담에게 금단의 사과를 따 먹으면 정녕 죽이리라 하셨다. 그런데 막상 아담이 사과를 따 먹었어도 죽이지 않고 에덴동산에서 내쫓기만 했다. 그러나 에덴 동산 밖에서 사는 동안 큰아들이 작은아들을 죽이는 순간 아담과 하와는 죽은 삶과 같다. 결국 큰아들은 동생을 죽이고 도망자가 되고, 작은아들은 땅에 묻히는…. 이런 상황에 어느 부모가 살아 있다고 말할 수 있는지. 그래서 세상은 한 치 앞도 보이지 않는 바다와 같다고 하지 않던가?

그런데 이후 하와는 셋이라는 아들을 낳는다. 두 자식을 잃는 하와지만 다시 고통 중에 자식을 낳았다. 아마도 하와가 가인과 아벨을 낳고 키우면서 오직 내가 낳은 자식이라며 절대 사랑하며 키웠을 것이다. 하지만 두 아들이 속절없이 자신을 떠나자 절망했을 것이다. 그러나 절망 끝에 다시 태어난 셋을 키우는 과정에 오로지 하나님만 바라보며 키웠을 것이다. 그렇게 태어나 자란 셋은 진정 하나님이 주신 자식으로 그는 세상이 위기에 빠졌을 때 유일하게 살려준 노아의 선조가 된다.

누군가 할머니와 엄마의 차이가 무엇이냐고 물으면 엄마는 하나님의 뜻을 거스르고 자기 뜻대로 살다가 두 아들을 잃는 상태이고, 할머니는 그동안 이룬 모든 것을 잃은 혹독한 상태에서 다시 셋을 낳는 상태가 아닐까 생각한다. 다시 말하면 엄마는 세상을 내 마음대로 움직일 것이라 생각하지만 할머니는 하늘 무서운 줄 아는 나이가 아닐까?

35

엄마 마음과 할머니 마음

요즈음 딸을 위해 친정 엄마가 손주를 봐주는 것이 대세란다. 현재 할머니의 대열에 있는 여자들은 유독 딸에 대한 사랑이 지나쳐서 오히려 가족 간에 갈등을 일으킨다. 남편은 물론 아들의 자식은 거부하면서 딸에게 모든 것을 거는 경향이 있다. 그래서 시집간 딸에게도 마치 자신의 일처럼 과몰입을 하지만 결국 모녀간에 갈등을 양산하기 쉽다.

1984년 영화 『애정의 조건』이 흡사 오늘날 우리가 겪고 있는 딸과 친정 엄마의 모습이다. 나름 중산층을 살았던 엄마가 외동딸을 금지옥엽으로 키웠으나 딸이 마음에 들지 않는 사위와 결혼을 한다. 엄마는 주변에 잘나가는 딸과 비교하며 능력 없는 사위와 힘들게 사는 딸과 갈등하던 끝에 딸이 암에 걸리고 만다. 그제야 엄마는 딸의 인생에 너무 깊이 개입한 것을 후회하지만 결국 딸은 3명의 손주를 남기고 죽는다는 스토리다. 딸과 분리되지 못한 친정 엄마의 스토리로 당시 아카데미 상을 수상받았다.

20세기 들어서 여성의 직위가 올라가니 엄마는 딸을 통해 자기의 꿈을 실현시키고 싶어 한다. 서구 유럽은 1980년대 전후로 절정을 이루고 최근 우리나라도 딸과 갈등을 빚는 모녀가 늘고 있다. 예전처럼 친정 엄마를 생각하면 눈물이 나는 관계가 아니라 같은 여자라는 공감대보다는 서로를 향한 원망이 심화되고 있다. 또한 예전과 달리 일하는 딸을 위해 손주를 돌보는 할머니가 늘고 있지만 결국 모녀간의 갈등만 심화된다.

맞벌이를 하던 친구는 두 아들을 친정어머니에게 맡겼다. 환갑을 훌쩍 넘긴 친정 엄마는 에너지가 충전한 손주를 돌봐주려니 보통 고달픈 게 아니라고 했다. 딸이기에 할 수 없이 봐준단다. 며느리라면 절대 봐주지 않는다며⋯. 친구의 아들들은 친정 엄마 손에서 무럭무럭 자라서 초등학교에 들어갈 즈음 되었을 때 친정 엄마가 퇴근하고 돌아오는 친구에게 손주의 험담을 한다고 한다. 고집이 세고 말썽이 과하다며 뭐가 될지 걱정이라고. 그러나 친구는 자신의 아들에 대해 그렇게 말하는 친정 엄마가 섭섭하다고 했다. 아무리 봐도 착한 내 새끼인데 공연히 엄마가 험담을 한다며⋯.

그러나 퇴근하고 돌아와 저녁 시간에만 보는 엄마를 대하는 아들들과 하루 종일 손주와 씨름하는 할머니를 대하는 아들들의 태도가 달랐던 것 같았다. 아들들이 유년기를 벗어나면서 무조건 순종하는 것에서 벗어나 자기방어가 형성되는 나이다. 그래서 할머니와 엄마 사이에서 줄다리기를 한다는 것이다. 다시 말하면 하루 종일 할머니와 씨름하는 아이들은 제멋대로 굴다가 엄마가 퇴근하고 집에 있을 때는 말 잘 듣는 착한 아이처럼 군다. 그런 손주의 태도를 할머니는 보는 것이고, 퇴근 후 잠깐 보는 엄마는 그런 자식의 눈속임을 모른다는 것이다. 그래서 아이들이 자랄 때까지 한 양육자에 의해 지속적으로 키워져야 정서적으로 안정이 된단다.

결국 자식을 두고 엄마의 마음과 할머니 마음이 갈라진다. 엄마와 자식은 분리되지 않는 절대적 사랑으로 맺어졌다. 그래서 엄마는 자식을 통해 내 꿈을 실현시키고자 하는 욕구가 있다. 자식도 엄마를 향한 자기 욕구가 있다. 다시 말하면 부모 자식 간의 사랑은 완성이 아니라 과정이며 서로에 대한 기대치로 각자의 이기심을 사랑으로 포장하려 할 뿐이다.

그러나 할머니가 되면 그런 것으로부터 자유로워진다. 일단 손주는 내 책임이 아니다. 당연히 엄마와 같은 기대치도 없어 마냥 사랑만 줄 수 있다. 그래서 자칫 버릇없는 손주로 키울 수 있다. 지인의 남편은 손주 사랑이 지나쳐서 손주가 할아버지 수염을 뜯어도 웃고 넘어가면서 한마디 한단다. '내 자식 같았으면 넌 벌써 죽었어' 자식에게 그토록 엄격했던 남편도 맹목적으로 손주 사랑이 넘친다. 하지만 그렇게 손주 사랑을 맹목적으로 퍼붓다가 막상 손주가 제 부모 속을 썩이면 밉다고 한단다. 이유는 아무리 손주가 예뻐도 내 자식 힘들게 하는 손주는 싫단다. 결국 조부모의 개입으로 인해 손주가 부모를 힘들게 하는 자식으로 큰다면 결국 내 자식을 더욱 고통에 빠뜨리는 것은 아닐지.

결국 자식을 향한 엄마의 마음과 할머니의 마음은 이처럼 다른데 할머니가 딸 사랑으로 무작정 손주를 도맡아 키우면서 모녀 갈등은 심화된다. 길어진 노년에 경제력까지 갖춘 베이비부머가 손주에게 영향을 미치는 것을 경계해야 한다는 것이다. 할머니는 자기 생이 완성된 단계로 남은 생은 덤으로 사는 것이라 했다. 자식이 독립하여 자신의 삶을 살게 하는 것이 우선이다.

그럼에도 할머니가 된 베이비부머는 여전히 엄마의 마음을 살고 있다. 특히 딸과 분리되지 않아 장성하여 독립한 딸의 가정사에 사랑이라는 이름으로 개입한다. 그런 이해관계로 맺어진 모녀가 한 몸처럼 붙어서 퇴직한 남편도 돌보지 않는다. 최근에 친구는 미국에 사는 딸이 자식을 낳았다고 했다. 그런데 딸이 아무것도 할 줄 모른다며 와서 보모 역할을 해달라고 하자 친구는 바로 짐을 싸고 떠났다. 물론 퇴직한 남편이 절대 반대했지만 기어코 모녀가 이긴 것이다. 아마도 친구는 늙은 남편 밥 해주는 게 싫은 것이 우선이었을 것이다.

어떤 세상이 와도 분명한 한 가지, 제 자식은 제가 키우도록 해야 한다. 부모 자식이 되는 시행착오 과정을 직접 겪어야 비로소 부모가 되고 자식도 건강하게 자란다. 요즈음 같은 세상에 부모가 안 도와주면 어떻게 하느냐고 반문하지만 우리 속담에 "사람 나고 돈 났지, 돈 나고 사람 났나"는 말이 있다. 오로지 선택의 문제일 뿐이다. 자신의 게으름을 시대나 사회 탓으로 돌리지 말라는 것이다.

수없는 침략과 가난뿐이 오천 년 역사에서 많은 자식을 낳고 키운 한국 여자다. 더구나 단군 이래에 최대 호황기를 누리며 다른 어떤 세대보다 교육 수준이 높은 자식들로 키우지 않았나. 그저 미덥지 않아도 그들이 자식을 키우게 바라보며 온전히 순결한 마음으로 기도하는 할머니가 되어야 하건만….

36
할머니 가설

문화센터 주변에 모텔이 성업 중이란다. 이유는 주로 은퇴 후에 여가 시간이 많아진 실버 세대가 문화공간에서 사교댄스도 즐기고, 취미 동호회 등을 통해 교류가 확대되고 있는데 이런 만남의 끝에는 주변 모텔로 간다고 한다.

예전에는 공원 주변에 모여 있는 할아버지를 유혹하는 박카스 할머니들의 매춘이 사회적인 물의를 일으켰다. 하지만 최근에는 평범한 할머니들이 자발적으로 성을 즐기는 단계에 돌입하였다. 과거에는 여자가 남편이 아닌 남자와 자는 것을 대부분 매춘으로 규정했지만 최근에는 평범하게 살아왔던 할머니도 젊은이들처럼 할아버지와 당당하게 만남을 하고 잠자리까지 이어진다는 것이다.

그러나 노인의 성을 개방하고 드러내는 것이 시대적 요구인가? 120세 시대에 노인도 청년처럼 당당하게 성적 욕구를 그대로 분출하며 사는 것이 옳은 것일까? 세상은 변했고, 여자와 남자는 다를 것이 없고 단지 개발되지 않았다는 주장이 옳은 것일까? 이제 여자도 남자처럼 자기의 성적 욕구를 충족시키며 노년을 즐겨야 하는 것일까?

남자에게는 동물과 같은 종족 보존 욕구가 있다. 그래서 남자는 죽기 직전까지 정자가 생성되며 배출된다고 한다. 흔히 남자는 문지방을 넘을 힘만 있어도 성생활이 가능하다는 이유다. 그러나 여자는 남자에게 없는 폐경기가 있다. 더 이상 난자가 생성되지 못한다. 그래서 여자가 폐경 이후에는 자식을 낳지 못하니 성욕도 급격하게 떨어진단다. 다시 말하면 여자의 성욕은 동물적인 욕구로 가임기에 생긴다고 한다. 그래서 여자는 자식을 낳고 나면 대부분 남편과 잠자리를 피하고 싶어 한단다.

심지어 성을 통한 오르가즘을 여자는 느끼지 못한다는 의견이 있다. 그렇게 해야 한다는 심리적인 욕구로 그렇게 꾸민다는 견해도 있다. 오늘날 여자의 성욕을 남자의 성욕과 같다며 부추기는 현상도 결국 남자들이 자신들의 성욕을 정당화하려는 치밀한 계획이 아닌지 생각해 봐야 한다.

엔마리 쥬텔 산부인과 의사는 『사회과학과 의학』이라는 저널에서 "여성 성욕 감퇴"라는 논문을 통해 다음과 같은 말을 했다. 현대 여성의 성욕 감퇴는 남자의 성욕 감퇴처럼 바람직하지 않다고 주장하며 일종의 질병으로 규정하면서 치료를 해야 한다지만 그것은 제약업체가 비싼 약을 팔아먹기 위한 것이라고 했다. 결국 여자가 갱년기 이후에 여성 호르몬을 촉진시키는 약을 먹고 성생활을 하고 노화를 막아 본다지만 오히려 부작용만 심해질 거라는 것이다.

여자에게만 있는 폐경에는 창조주이신 하나님의 깊은 뜻이 있다. 이른바 할머니 가설이다. 과학 전문지 '네이처'에 발표된 논문으로 영국의 세필드 대학의 비르피 루마나 박사는 '할머니 가설(grandmother hypothesis)'을 발표했다. 대부분의 동물은 암컷이든 수컷이든 죽을 때까지 생식이 가능하다. 그런데 유독 인간 중에서 여자만 50세를 전후로 폐경을 맞으며 생식을 하지 못한다. 이 같은 여자의 폐경이 가족의 번창에 결정적인 역할을 한다는 사실을 밝혀냈다. 이유는 여자들이 폐경 이후에 삶에는 자신보다 자손을 먼저 생각하는 숭고한 뜻이 담겨져 있다고 한다. 다시 말하면 육체적인 쾌락보다는 영적인 가치관을 높인다는 것이다.

인간을 창조하신 하나님의 매뉴얼대로 살면 된다. 남자는 죽을 때까지 생식이 기능이 있다니 그것을 인정하면 되고, 여자는 폐경 이후로 육체의 욕심에서 벗어나 영혼을 아름답게 가꾸는 일이 치중하라고 하신다. 또한 인간의 구원은 스스로 선행을 해서 이루어지는 것이 아니란다. 절대 사랑하는 사람의 숭고한 희생으로 구원된다고 하신다. 예수가 십자가에서 죽었기에 인간이 구원을 받는 것과 같은 논리다. 파우스트가 자신의 영혼을 악마에게 팔면서 세상에서 하고 싶은 것을 다 해보았으나 결국 헬레네라는 순순한 여인으로부터 구원을 받는다. 하나님은 여자에게 영적인 능력을 나누어 주신 것은 바로 후손을 위한 정결한 삶을 살라는 것이 아닐지….

성경에는 많은 인물이 나오지만 여자의 이름은 남자에 비해 많지 않다. 그런데 누가복음에 안나라는 여인의 이름이 나온다. 그녀는 결혼하고 7년 만에 과부가 되었다. 하지만 84살이라는 나이로 여전히 과부로 살고 있었다. 그녀는 밤낮으로 기도하며 성전에서 살다시피 하는데 그즈음 탄생한 예수가 엄마 마리아의 품에 안겨 들어오는 것을 보고 이제 소원을 이루었으니 편안히 죽을 수 있다고 고백한다. 그녀는 세상을 구원할 메시아를 보기를 평생 동안 기도했는데 이루어졌다고 하면서….

할머니, 오로지 내 자식만 바라보는 엄마 마음이 아니라 더 큰 세상을 바라보는 영적인 눈으로 살아가는 나이리라. 비록 자식 키우면서 오로지 내 자식을 누구보다 잘 키워야겠다는 엄마 마음으로 불법과 탈법도 저질렀다. 하지만 이제는 하나님이 보시기에 아름다운 바른 가치관을 실천하는 삶을 살면서 오로지 더 나은 미래를 향해 기도하는 것뿐이다. 2천 년 전에 안나 할머니처럼. 위기에서 세상을 구할 예수를 금방 알아보는 영적인 눈으로 가진….

37

세상만사 정한 때가 있건만

120세를 산다 하지만 노인이 되는 나이는 육체적인 나이라기보다는 영적인 나이다. 흔히 120세를 산다지만, 청소년기가 비례하여 연장되고 청장년기가 비례하여 연장되는 것이 아니라 노년기만 길어진 것이다. 몸과 정신이 쇠약해지는 노년기만 길어진 것이 축복인지 저주인지 알 수 없다.

흔히 인생을 3단계로 나눈다. 1단계는 선택권이 없다. 그저 부모의 자식으로 태어나 그 부모의 영향을 받으며 성장한다. 이 단계는 개인의 고유한 능력과는 관계없이 부모의 능력에 따라 인생이 전개된다. 이 시기는 신체가 급격하게 자라고 완성되는 단계다.

2단계는 개인의 능력이 발휘되는 기간이다. 이때는 부모로부터 독립하여 결혼을 통해 자신의 가정을 꾸린다. 이 시기는 정신적인 에너지가 극대화되며 개인의 다양성을 표출하며 자신의 성취 욕구를 역동적으로 이루어 나간다. 일반적으로 청장년의 시기로 60대 전일 것이다. 이때 부모가 되어 내 자식을 낳고, 자식이 독립하여 가정을 꾸리고 자식을 낳는 시기까지 포함한다. 결국 인간이 태어나 큰 이변 없이 60살이 되면 이 임무를 마치는 나이가 되는 것이다, 그래서 환갑이라는 숫자는 어떤 세상을 살든 태어난 소임을 마친 나이로, 이후 노인이라고 불린다. 그래서 인간이 60살이 되면 세상의 이치를 다 알기에 신이 살려두고 싶어 하지 않는다 하던가. 또 있다. 부모의 자식으로 있을 때 부모 눈만 속이면 되었다. 그러나 노인이 되니 나를 바라보는 자식은 물론 손주까지 있다. 온전히 내 짐이 무거워졌다. 그래서 사도 바울은 젊어서는 내 마음대로 살지만 노년이 되면 남이 매준 띠에 끌려다녀야 한다고 하지 않던가.

그러니 인간이 수백 년을 살아도 노인이 시작되는 나이는 큰 차이가 없다. 의료가 발달하여 신체가 건강해진다 해도 그에 더하여 경험이 쌓이면 영적인 세계를 알게 되는 나이가 노인의 시작인 것이다. 영적이란 눈에 보이는 것이 전부였던 세상에서 눈에 보이지 않는 것이 보이는 영안이 떠지는 나이다. 이는 인간이 본래 가지고 태어난 것이란다. 그래서 태어난 아기에게 영이 맑다고 하는 이유다. 그러나 비록 이렇게 가지고 나온 영안은 눈에 보이는 세상을 보게 되면서 점차 희미해진다고 한다. 호스피스의 대가였던 엘리자베스 퀴블러로스의 『인생 숙제』에서 보면 병들어 죽어가는 아이들을 곁에서 지켜보면 대부분이 죽음을 두렵게 받아들이지 않는다고 한다. 이유는 떠나온 곳으로 돌아간다는 것을 알고 있고, 때론 천사가 왔다고도 한단다.

그러나 청장년기에는 대부분 이런 영에 대한 인식이 희박하단다. 눈에 보이는 세상에서 기득권이 되기 위해 경쟁하며 살기 때문이란다. 그러나 노년에 이르러 세상에서 소중했던 것들을 한둘씩 내려놓게 되면 마음 깊이 감추어진 영에 대해 인식하게 된다고 한다. 그동안 세상에 보이는 것이 전부라 생각했는데 보이지 않는 초자연의 세계에 관심을 갖는다. 천사도 있고 악한 귀신도 있고 조상 귀신도 있고, 죽음 이후에 또 다른 세계가 있고 하나님도 있다는 생각을 한다. 예전에는 터무니없는 것들이라고 무시하며 특별히 알려고 하지 않았는데 자꾸 생각이 난다. 심리 과학자 칼 융도 말하지 않던가. 알고 싶지도 않는데 그냥 생각이 난다고….

최근에 인간이 120세를 산다며 60살부터 제2의 인생이라며 청춘처럼 살겠다고 하지만 인간의 육체는 40세부터 노화현상이 온다고 하지 않던가. 그리고 60대에 노화가 급격하게 심화된다는 최근 학설이다. 이런 육체에 온갖 성형을 하면서 젊음을 유지하려 하지만 짐승과 다름이 없다. 인간이 인간답다는 것은 바로 오감(시각, 후각, 미각, 촉각, 지각)을 가진 짐승과 달리 영감을 하나 더 가지고 있는 덕분이다. 오로지 인간의 마음에 하나님이 만 심어준 영감, 바로 이 영감으로 인해 존귀하신 하나님과 소통하면서 존귀한 자가 되는 것이다. 그것이 바로 인간다운 본연의 모습인데 어쩌다 세상에 태어나 자신이 가진 영성을 잊고 육체에 집착한 짐승으로 죽으려 하는지.

솔로몬이 쓴 전도서에 이런 말이 있다.

"생각해보라 사람에게 닥치는 운명이나 짐승에게 닥치는 운명이나 똑같
지 아니한가? 둘 다 목숨이 하나뿐이요 둘 다 숨을 쉬는 존재로 한순간도
숨을 쉬지 못하면 죽고 만다. 과연 사람이라고 해서 짐승보다 나은 게 무엇
인가? 사람이나 짐승이나 모두가 흙에서 나왔으니 흙으로 돌아간다. 그러
나 사람의 영은 위로 올라가고 짐승의 혼은 땅속으로 내려간다."

이런 인간이 가장 인간답다는 것은 수많은 인생의 파고를 거쳐 손주
까지 보는 노인까지 살았으니 생물학적인 역할은 끝나고 나로 인해 세
상에 태어난 후손에게 축복을 내려주는 존재가 될 때가 아닐까. 그래서
죽어서도 선한 영향력을 미치는 존재로 영이 살아 있어야 하건만. 후대
에게 선한 영향력을 미칠지 악한 영향력을 미칠지도 살아서 결정된다고
하건만. 그런데 그 나이까지 살면서 인생의 때를 모른다면 헛산 것이다.

그래서 솔로몬이 말년에 쓴 전도서에 이런 말도 있다.

"무릇 모든 일에는 다 정한 때와 기한이 있다. 하늘 아래 세상에서 일어
나는 모든 일에는 다 알맞은 때가 있다. 태어날 때가 있고 죽을 때가 있으

며, 심을 때가 있고 거둘 때가 있다. 죽일 때가 있고 치료할 때가 있으며 심을 때가 있고 허물 때가 있고 세울 때가 있다. 울 때가 있고 웃을 때가 있으며 슬퍼할 때가 있고 춤출 때가 있다. 돌을 던져 버릴 때가 있고 돌을 모을 때가 있고 끌어안을 때가 있고 멀리할 때가 있다. 찾을 때가 있고, 포기할 때가 있으며, 간직할 때가 있고 내다 버릴 때가 있다. 찢을 때가 있고 꿰맬 때가 있으며 침묵할 때가 있고 말할 때가 있다. 사랑할 때가 있고 미워할 때가 있으며, 싸울 때가 있고 화해할 때가 있다."

38

죄와 부끄러움

　대한민국이 초고령화 사회로 진입하면서 노인의 인구가 천만 명이 넘고 급격하게 증가할 거라고 한다. 인구의 30%가 노령이다 보니 실버산업이 대세란다. 그래서 방송가는 노인들을 앞세운 프로그램이 급증하고 있다. 그동안은 주로 상대 배우자를 공격하면서 대리만족을 시키더니 본격적으로 노년에 재혼 남녀를 등장시키면서 대중의 관심을 끈다.

　그런데 최근 방송가를 달구는 뉴스가 있다. 환갑을 넘긴 여자 연예인이 전직 아나운서에게 속아 재혼을 했다며 혼인무효 소송을 한다고 한다. 이미 그들은 2년 전에 방송에 출연하여 재혼한다며 서로에 대한 사랑을 과시하며 애정 표현도 거침이 없었다. 그런데 불과 2년 만에 법정 다툼을 벌인다니…. 여자는 연일 차마 듣기도 거북한 남자의 비리를 폭로한다더니 남자가 자살을 예고하기도 하고, 정신 병원에 입원했다고 하기도 하고. 죽을 날이 가까운 인간이 저렇게 나락까지 가는 것을 전혀 부끄럽지 않아 하는 것도 신기할 뿐이었다.

　그들은 철부지 10대가 아니다. 중년의 나이를 훌쩍 넘어 노년에 들어선 인물들이다. 더구나 세상에서 그만한 인기도 누린 인물들이다. 엄밀하게 보면 그만하면 나름 사회지도층이 아닐지. 그러나 둘의 행태를 보면 시정잡배도 저렇게 부끄러운 짓을 저지르지 않을 것이다.

인간은 어떤 생을 살았든 대부분 선택을 잘못한 것에 대한 후회를 하다가 죽는다고 한다. 그래서 무덤가에는 항상 '껄… 껄… 껄…' 하는 소리만 들린다고 한다. 그런 후회에는 두 가지가 있다. 남을 아프게 한 것과 나에게 부끄러운 짓을 한 것이다.

경쟁하는 세상을 살다 보면 사람을 속이기도 하고, 때론 빼앗기도 하면서 악을 행하고, 부끄러운 일을 당할 때는 차마 입에 담기도 어려운 일을 당하는 것을 의미한다. 아마 둘의 차이가 있다면 대부분의 악한 일은 그나마 내게 힘이 있어 상대를 아프게 하는 것이고, 부끄러운 일을 당할 때는 내가 저항할 힘이 없어 당하기에 내게 상처가 남아 있는 것이다. 그러나 인간은 남에게 상처를 준 악보다 내가 당한 부끄러움에 더 상처가 되어 평생을 고통받고 살아가는 경우가 더 많다. 아마도 이는 인간의 기본 의식에 깔린 자존감이 상실되었기 때문이다.

결국 인간이 인간답다는 것은 바로 이 내면의 자존감을 지키는 것이다. 세상에서 돈과 권력이 크다지만 그저 죽을 때 모두 두고 가는 것이고 오로지 내 안의 자존감만 영혼에 담고 간단다. 이유는 인간의 자존감은 바로 하나님이 당신이 가진 자존감을 불어넣어 주었기 때문이란다. 하나님이 인간을 흙으로 만들어 후 하고 생령이 불어넣어 주셨는데 이것이 바로 자존감이다.

결국 인간이 세상을 살면서 끊임없이 짓는 이 두 가지 문제는 죽기 전에 해결해야 할 숙제란다. 하나님은 인간이 악한 죄를 지었어도 회개하면 모든 것을 용서해 주신다고 한다. 그런데 악과 부끄러움을 회개하는 방법이 다르다. 악은 공개적으로 시인하고 내가 상처를 준 사람에게 용서를 구하는 행위까지 가야 한다. 그러나 부끄러움은 오로지 통한의 마음을 하나님에게 털어놓고 내게 상처를 준 그들을 용서하는 마음을 달라고 하는 것이다. 그 부끄러움으로부터 나를 지키는 것은 누구에게도 털어놓지 않는 것이다. 그래서 하나님도 말씀하신다. 오로지 나에게만 털어놓으면 내가 알아서 갚아주신다고 하지 않던가?

결국 인생을 살면서 부끄러움은 죽는 그날까지 갖고 가는 나만의 비밀이고, 상대를 해한 악한 행동은 진실로 사죄하는 용기가 필요하다. 인생이란 바로 관계에서 태어나 관계로 끝을 맺는다. 인간관계 속에서 이처럼 내 마음에 남아 있는 두 가지를 해결해야 죽을 때 영혼이 깃털처럼 가벼워져 천국에 진입한다고 한다. 예수님이 세상을 떠날 때 세상과 화해하라고 하신 이유다. 결국 세상 사람에게 준 상처나 혹은 받은 상처를 털지 않으면 결국 천국으로 가지 못한다는 의미일 것이다. 만일 그렇지 못하면 지옥을 간다는 의미이리라. 어쩌면 지옥은 흔히 인간이 상상하기로는 엄청난 불구덩이에서 고통을 받는다고 하지만 인간에게 가장 무서운 고통은 외로움일 것이다. 그래서 죽었지만 그들이 가야 하는 영혼의 세계로 가지 못하고 영생토록 홀로 세상을 떠도는 것이리라. 그래서 살아 있는 사람들의 사건에 개입하고 싶어 하는데 이를 대부분 악귀라고 한단다.

인생에서 대부분의 시작은 내 책임이 아니다. 부모의 자식으로 태어난 것도 내 책임이 아니다. 경쟁 사회에 능력이 없이 태어난 것도 내 탓이 아니다. 열심히 살았지만 그만큼 살지 못하는 것도 사회 시스템의 문제이지, 전적으로 내 책임이 아니다. 이처럼 생을 살면서 알게 모르게 잘못된 상황으로 인생이 꼬여 억울하고 그로 인해 분노를 가슴에 안고 사는 사람이 더 많을 것이다. 그래서 이만하면 됐어, 하며 흡족하게 세상을 떠나는 사람은 많지 않을 것이다.

그러나 어떤 인생을 살았든 종결은 내가 할 수 있다. 흔히 용서받을 억울함과 용서해야 할 죄를 지고 가는 인생길에 특히 내게 상처를 준 사람을 용서하는 것은 폭로가 아니라 용서하고 내 가슴에 묻는 것이다. 그것이 정녕 후손을 위한 마음이다.

연일 방송가를 시끄럽게 하면서 자기가 상처받아서 억울하다는 이 늙은 연예인의 폭로는 끝이 없다. 더 나아가 남자가 자신의 언니도 성추행했단다. 더구나 이혼을 하는 재판에 자식까지 끌어들이는 최악의 모습이다. 죽을 날이 머지않은 늙은 부모의 추악한 싸움에 살날이 많이 남은 자식까지 끌어들이는 상황을 어떻게 이해해야 할지. 결국 두 당사자 간에 자식까지 나서 여자의 아들은 한때 계부였던 남자를 비난하고, 남자의 딸도 한때 계모였던 여자를 비난한단다. 흔히 먼저 죽는 부모가 자식의 죄까지 뒤집어쓰고 죽는다고 하는데 어찌하여 자식의 손에 부모의 죗값을 던져주는지.

그래도 둘 다 한때 세상에서 이름을 남긴 유명인이었다는데 저런 추악한 노년의 모습을 방송을 통해 그대로 노출시키니 하루 벌어 먹고살기 힘든 청년이 그런 뉴스를 들으면 생각할 것이다. 참으로 추한 늙은이들이네 하며…

하나님은 내 억울함을 말하는 것을 듣기보다는 타인이 내게 억울하다는 소리를 듣는다고 하시지 않던가? 그저 떠날 세상에서 얻은 작은 인기에 집착해서 악플만 수북이 달고 죽는 것을 두려워해야 하건만…. 재물이 많고 권력을 가지고 명예와 인기를 누린다 하지만 삶이 아름다워야 한다고 하지 않던가? 먹고살기 좋아졌다고 탐욕으로 이글거리는 눈빛으로 죽을 날이 가까운 노인 세대가 부끄러움이 무언지도 모르는 악한 세상이다. 세상이 망가지는 것은 가진 것이 많은 자가 더 욕심을 부리기 때문이다. 최근 예능이라는 이름으로 인기를 누린 자나 그만큼 못 누린 자나 우후죽순으로 나와서 자신의 인생을 까발리는. 어쩌다 이처럼 부끄러움이 무엇인지 모르는 민족이 되었는지…. 그래서 폐지를 줍는 노부부의 남편은 구루마를 끌고, 아내는 뒤에서 미는 모습이 더 아름답다고 하는 것은 아닐지.

39

여자에게 사랑은 나누는 것이 아니라 지키는 것이다

인간의 나이 환갑을 넘기면 인생에서 한 사이클을 마친 나이라고 한다. 부모의 자식으로 태어나 독립하여 가족을 이루고 자식을 낳고 그 자식이 결혼하여 독립하면 일단 세상에 태어난 소명을 마친 나이란다. 어쩌다 이 나이까지 살다 돌아보니 참으로 운이 좋았다는 생각뿐이다. 나름 길을 찾아 열심히 살았다고는 하나 그저 멋모르고 온 것이라는 생각이 든다. 더구나 과거처럼 단순한 농경사회가 아니라 격변의 시대를 살다 보니 정말 온갖 일을 다 겪고 이 자리에 선 것은 아닐지. 그렇다고 인생을 다 알았다고 자부할 수도 없다. 인류 역사 이래로 전혀 가보지 못한 100세 시대를 사는 첫 세대인 셈이다. 하루도 같은 날이 없는 내일은 그저 전혀 알 수 없는 새로운 날일 뿐인데 인간이 도대체 무엇을 안다고 자신하는지.

인간이 어떤 미래를 꿈꾸던 결국 과거를 알아야 미래를 꿈꾸는 것은 아닐지. 그래서 격변의 세월을 산 친구들을 비교해 보았다. 한 친구는 고등학교 동창이다. 그러나 나는 대학으로 진학했고 그녀는 진학하지 못하고 취업을 했다. 이유는 진학할 성적도 안 되고, 경제적인 형편도 되지 않았다. 그래도 내 친구는 그런 자신을 비관하지 않았다. 고등학교 졸업 후 시외버스 터미널에서 티켓 판매원으로 일했다. 그런데 이듬해 그녀가 결혼한다는 소식이 들려왔다. 그리고 세월이 흘렀다. 30대 중반에 접어든 우리에게 동창들의 소식은 주로 자식들을 키우는 이야기가 주를 이루었다. 대부분 적당한 상대를 만나 결혼하고 전업주부로 살거나 맞벌이를 하면서 사는 이야기였다. 그런데 슬픈 소식도 들려왔다. 내 친구의 남편이 간암으로 죽었다는 것이다. 이제 고작 30살의 나이에 두 아들을 품고 과부가 된 것이다. 말 그대로 청상과부다. 동창들은 혀를 차며 그녀의 팔자가 사납다고 했다.

20대까지는 그저 꿈을 꾸면 인생이 그렇게 살아질 줄 알았지만 30대에 들어서면서 생각하지 못하는 변수가 생긴다. 30살에 과부가 된 동창이 있다면 돌연 이혼을 한 동창의 소식도 들려왔다. 이혼을 했다는 친구는 성적이 우수하고 가정 형편도 좋아서 서울 명문대학에 진학했다. 졸업 후에 대기업의 광고 회사에 입사했다. 공히 남자와 어깨를 겨누며 자신의 커리어를 발전시켜 나가는 그녀를 바라보며 동창들은 너무 부러워했다. 그랬던 그녀가 27살에 사내 커플로 결혼한다고 했다. 동창들은 부러움 반 질투 반으로 그녀의 멋진 결혼식에 참석했었다. 그랬던 그녀가 32살에 이혼을 한단다. 이유는 남편이 바람을 피웠다는 것이다. 당시 아들이 한 명 있는데 양육은 그녀가 하기로 했단다. 오로지 꿈만 꾸며 화려하기만 한 줄 알았던 서른 잔치가 시작도 전에 이처럼 남편이 죽은 동창이 있고, 이혼한 동창이 생기다니….

이후로 세월은 흘러 40대에 진입했다. 갈래머리에 같은 교복을 입고 서로 팔짱을 끼고 깔깔대며 웃어대던 그때는 지나가고 어느새 인생의 중년에 들어선 것이다. 과부가 된 친구는 두 아들 키우느라 고군분투했다. 식당에서 일한다고 하기도 하고 보험을 한다고도 하고. 그래서 동창 간에는 기피 인물처럼 되는 것 같았다. 물론 그녀도 동창 모임에 나오지 못했다. 반면에 광고 회사에 다니던 친구는 승승장구하는 것이다. 1990년 대부터 우리나라 경제가 커지면서 광고 회사도 급격하게 커지는 바람을 타는 것이었다. 더하여 재혼한다고 한다. 1990년 당시 여자의 재혼이 흔하지 않다 보니 동창들의 입방아는 다시 시작되었다. 멋지다, 인생 제대로 산다. 등등.

50대에 들어서니 이제 자식을 전면에 내세운다. 부모의 기대를 넘어서 잘나가는 자식을 둔 동창과 기대에 미치지 못하는 자식을 비교하며 예전과 달리 동창을 만나도 마냥 반갑지가 않다. 어느새 폐경이 찾아온 동창도 있고 남편이 조기 은퇴를 한 동창도 있고, 또 병든 동창 소식도 듣고…. 과부인 친구는 이제 두 아들을 독립시키면서 고생에서 벗어났다는 소식이 들려오는 반면에 잘나가던 친구는 재혼에 실패하여 이혼한다고 했다. 재혼남으로부터 자식을 한 명 낳았으니 역시 친구가 양육

한다고 했다. 아버지가 다른 두 자식을 키우는 엄마가 된 것이다. 물론 그녀는 누구보다 일에 있어서는 잘나간단다. 그녀는 그런 커리어로 자기 업체를 차렸는데 아주 잘 된다고 한다.

그렇게 각자의 인생을 살면서 세월은 또 흘러 환갑을 훌쩍 넘기는 나이가 되었다. 과부로 있는 친구는 여전히 혼자 살고 있다. 이제 동창회도 나올 만큼 여유가 생긴 모양이다. 그래서 친구들이 이제 노년에 너무 외로우니 재혼을 하라고 하면 정중히 거절했다.

"나도 팔자를 바꾸고 싶은 생각을 수십 번도 했었어. 요즈음 같은 세상에 병신같이 혼자 사나 하는 자괴감도 들고…. 그런데 배운 것도 없는 내가 두 아들을 키우느라 다른 생각을 할 겨를이 없었어. 또 하나는 재혼을 막상 하려고 남자를 만나면 고작 8년을 살다 청춘에 죽은 남편의 모습이 떠나지를 않는 거야. 결혼 생활이 짧아서 그런지 싸운 기억보다는 그저 행복했던 기억만 남아 있는 거야. 나는 늙어가는데 눈부신 청춘으로 내 기억에 박혀 있는 남편만 한 남자가 안 보이니…. 40여 년의 세월을 갈등하며 결국 오늘에 이르렀네. 근데 두 아들 장가까지 보내고 나니 안 가길 잘했다 하는 생각이 들어. 나이 들어 외롭다고? 나이 들어 외로운 게 나아. 아마도 내가 재혼해서 새로운 인생을 살았다면 아마도 복잡했을 거야. 내가 데려온 자식, 재혼한 남자의 자식 거기다가 둘 사이에 자식이라도 낳으면 얼마나 복잡해. 두 아들도 장가가서 제 살림 차리고 보니 혼자 산 제 어미가 얼마나 힘들었을지를 아는지 너무 고마워하고 그래. 세상 저마다 큰일 했다고 자랑하지만 자식에게 인정받는 엄마가 되는 게 나는 좋다. 그리고 외롭지 않아. 차라리 남은 생을 죽은 남편 생각이나 하며 지내련다."

그러면서 친구는 비밀이라는 단서를 달고 말했다.

"사실 두 자식 키우면 죽을힘을 다해 살았지만 혼자 산 것 같지 않아. 남편이 곁에 있는 느낌이었어. 아마도 우리 남편도 나를 불쌍히 여겨서 내 곁을 못 떠나는 것 아닐까? 하는…. 요즈음 주변을 돌아보니 부부가 길게 살면서 원수로 사느니 가장 아름다웠던 청춘에 만나 헤어졌지만 그 기억만으로도 남은 생이 충분히 행복했어. 그리고 죽을 날이 가까워지니 그 기억을 그대로 간직해야 만남이 더 아름답고 죽어서 만나면 더 행복할 거야. 세상에 태어나 사랑 한 번이면 됐어. 수많은 남자를 만나 사랑하고 헤어진다지만 하나의 사랑이 더 가치 있지 않겠어? 내가 살아 보니 사랑은 나누는 것이 아니라 지키는 것이었어. 어떤 세상이 와도 한쪽만 붙들고 있으면 사랑으로 완성되는 것 아닐까?"

그즈음 두 번의 재혼을 했다 실패했던 친구는 세 번째 남자를 찾고 있었다. 세상에 믿을 놈 하나도 없다면서도 다시 남자를 찾는 그녀는 아마도 조만간 결혼한다는 소식이 올 것 같았다.

물론 어느 인생이 옳다 그르다를 논할 수 없다. 이제 여자들도 다양한 선택의 삶을 살 수 있다. 베이비부머 세대는 단순히 경제적인 풍요만을 누린 세대가 아니라 과거의 관습을 전면 부정한 세대이기도 하다. 특히 노년에 배우자에 대한 갈등이 더 심화되고 있다. 현재 대한민국의 황혼 이혼의 비율이 전체 이혼 비율의 30%를 넘었다는 통계가 나오고 있다. 베이비부머 세대의 여자들도 어떤 사랑을 선택할지 각자 판단할 수 있다. 베이비부머는 그 둘을 다 경험하는 세대이기 때문이다.

그래서 정답은 없다지만 정답은 바로 여자인 엄마가 같은 여자인 딸에게 어떤 인생을 추천할 것인지가 남았다. 어떤 상황이든 한 배우자를 사랑했던 엄마와 많은 배우자를 바꾼 엄마는 딸에게 어떻게 살라는 말을 할까? 그것이 죽기 전에 자식에게 고백할 수 있는 것이 정답 아닐까?

나처럼 살아라, 혹은 나처럼 살지 마라.

40
존귀한 자의 모습

사람에겐 많은 욕구가 있다. 먹고 입고 즐기려는 기본 욕구를 넘어 소유욕, 지적 욕구, 창조 욕구, 지배 욕구 등등. 인간은 생애 동안 수많은 욕구 실현을 위해 노력한다. 사실 그 모든 노력은 인간답다 혹은 다른 사람과 다르다는 소리를 듣고 싶기 때문일 것이다. 하지만 인간이 죽기 전에 평가 받기를 소원하는 것은 바로 존귀한 자라는 소리를 듣고 싶을 것이다. 하늘 아래 나처럼 다해 본 사람이 없다는 솔로몬도 하는 말, 좋은 향수보다 좋은 이름이 낫다고….

존귀에는 구별이라는 의미도 있다. 창조되는 과정마다 심히 보기에 좋았다고 하신 하나님의 마지막 작품인 인간, 하나님의 형상을 닮고 다른 생명체에게는 없는 하나님과 소통하는 영도 불어넣어 주셨다. 그런 인간에게 하나님이 바라는 것은 바로 존귀한 자가 되는 것이리라. 스스로 존귀하다 하신 하나님이시니 인간에게도 그런 구별되는 사명감을 부여하신 것이리라.

인간의 악성만 부각하는 막장 드라마가 난무하는 현실이다. 비록 작가의 상상력이라지만 인간의 탈을 쓰고 저럴 수가…. 누구나 그런 생각을 한다고는 하나 느낌이나 생각을 그대로 표현하지 않는 것도 인간이다. 소설가 섬머세트 모음은 익명으로 생각하고 있는 것을 그대로 쓰라고 하면 읽는 사람들은 자신을 끔찍한 흉악범이나 미친놈으로 알 것이라고 했다. 인간 본성에서 나오는 마구잡이 생각들은 당연한 것이지만 그것을 승화하여 아름답게 표현하는 것이 인간다운 것이다. 최근 들어 점점 강도가 높아지는 인간의 추악함을 마치 예술인 것처럼 서슴없이 표현하는 영화나 드라마를 그대로 받아들이는 시청자들은 추악함에 무감각해진다. 바울은 로마서를 통해 그런 악한 자도 나쁘지만 그런 악을 옳다고 하는 자의 죄가 더 크다고 했다.

인간은 어떤 상황에서도 가장 아름답게 표현될 수 있는 '구별되는 거룩함'을 유전적으로 가지고 나왔다. 더구나 세상이 혼탁해지면 질수록 마음속 깊은 곳에 감추어진 인간다움에 향수를 느낀다. 그래서 몇 년 전에 인기리에 방영되었던 『미스터 션샤인』에 모두가 열광하는 것이다. 불과 100년 전 이 땅에서 있을 법한 스토리를 당시 의병을 찍은 사진 한 장으로 작가의 상상력으로 만들어 낸 작품이라지만 현실감이 느껴진다. 당시 세계라는 사전 지식이 전혀 없는 폐쇄된 한민족은 물밀 듯이 들어서는 외부 세계를 접하면서 충격이 엄청났을 것이다. 나라가 망해 가는 과정에 오랜 질서가 붕괴되면서 인간의 가치가 파리 목숨만도 못하는 지경에 처했을 당시의 민초들…. 그런 상황에서도 인간은 저렇게 아름다울 수가 있구나 하는 생각이 들게 하는 작품이다. 진짜 인간의 위대함은 최악의 상황에서 인간의 본질을 잃지 않는 것이다.

백정의 자식이나 노비의 자식이나, 아비에게 팔려가 남편을 죽인 여인이나, 신지식을 받아들인 양반집 아들이나, 양반집 딸이나 나라를 빼앗기는 과정에서 상상을 초월하는 고통에서도 결코 정체성을 상실하지 않고 자신을 지켜나간다. 신분에 매여 억울하게 모욕을 당하자 아들을 살리려고 살인까지 마다 않는 모성, 나라가 망해가는 과정에 속절없이 성노예로 늙은 일본인에게 팔려갔지만 결국 일본인 남편을 죽이고, 이내 꺼져가는 나라를 위해 온몸을 불사르며 자신을 지키는 여자의 자존감, 나라를 빼앗기는 고통 속에서도 사랑은 싹트지만 그 사랑을 양보하기도 하고, 한 여자에 대한 절대 사랑을 위해 기꺼이 죽음을 택하는 남자…. 드라마는 나라를 빼앗기는 암울한 상황이 전개된다. 힘이 지배하는 세상에 억압당하고 미약한 사람들이지만 굳건하게 자신을 지키고 상대까지 배려하는 인간의 관계가 별처럼 빛나는 작품이었다.

비록 시청자들이 간절히 소망하는 오래오래 행복하게 살게 해달라는 바람은 이루어지지 않았다. 주인공들이 모두 죽었어도 해피엔딩이라는 행복한 느낌으로 막을 내리는…. 그래서 사랑이라는 고정 관념을 깬 드라마이다. 옷깃만 스쳐도 가슴 저린 사랑을 느끼게 해주었다. 설사 한

이불을 덮고 깨알같이 사랑하며 산 기억은 없어도 한순간에 스쳐 간 사랑의 마음을 영원히 품을 만큼 아름다운 사랑으로 느껴진다. 인간만 만들어 낼 수 있는 존귀하고 아름다운 것이지 않을까….

문득 인생이라는 무대의 연출자는 하나님이시고 우리는 각자의 배역에 맞게 멋진 무대를 완성시켜야 할 책임이 있다는 생각이 들었다. 그러려면 연출자의 의도를 정확하게 알아야 한다. 웰메이드 드라마 배역에는 경중이 없다. 분량이 적다거나 혹은 역할이 마음에 들지 않는다고 불평하면 작품 전체를 망치게 된다. 어느 역할이든 한 작품을 멋지게 완성하여 연출자도 연기자도 바라보는 관객도 일체감에 빠지는 무대를 만들어야 하지 않을까.

인생의 연출자인 하나님은 여자에게 순결한 영을 불어넣어 주셨다고 한다. 그런데 여자가 사랑하는 사람을 자주 바꾸면 영이 혼잡해진다고 한다. 순결한 영을 지닌다는 것은 별거 없다. 한 사람을 끝까지 사랑하는 것이다. 부부는 영혼까지 가는 관계다. 그래서 하나님은 죽기까지 붙드는 여자의 심리를 주셨다. 융도 말하지 않던가, 여자는 물고 늘어지는 심리가 강하다고. 강한 자가 승리하는 것이 아니라 살아남은 자가 강하다고 했다. 인생이라는 게임에서 끝까지 소중한 것을 지키며 자기 것으로 만드는 자가 승자기 아닐지.

$$\underline{41}$$

내가 본 아름다운 부부의 모습

1995년 내가 삼성의료원 내과계 중환자실에서 본 사건이다. 중환자실 간호사로서 삶과 죽음이 교차하는 수많은 사건을 보았지만 그렇게 아름다운 죽음을 본 것은 처음이었다.

1995년 6월 29일 당시 대한민국에서 가장 화려한 백화점으로 명성을 떨친 삼풍백화점이 한순간에 무너져 내렸다. 붕괴 시간도 오후 5시로 사람들이 가장 많이 밀집된 시간이었다. 당시 500여 명의 사상자와 1,000여 명의 부상자라고 기록되었지만 그저 숫자일 뿐이었다. 시신 발굴만 무려 2달이 넘게 걸렸으니 가산되지 않은 피해는 상상을 초월했다.

당시 삼성의료원이 근접 지역에 위치했으니 구조되어 실려오는 사람들이 봇물처럼 밀려 들어왔다. 처음에는 부상이 심하지 않은 경상자가 구조되어 왔지만 시간이 지나면서 깊은 곳에 매몰된 사람들이 구조되면서 중상자가 늘기 시작했다. 그중에 호흡곤란을 일으키거나 의식이 없는 상태로 중환자실로 입실하는 환자도 늘기 시작했다.

그녀도 그렇게 중환자실에 입실했다. 그녀는 60대 초반으로 붕괴 3일

만에 구조되었다. 구조 당시 의식은 없고 심한 호흡곤란을 일으켜 호흡기를 달아야 했다. 더하여 심장의 기능도 급격하게 떨어져 순환장애로 이어지며 수분이 체내에 쌓이고 소변은 안 나오면서 심한 부종이 나타났다. 정도가 심해서 가족도 쉽게 식별이 불가능할 정도로 온몸이 코끼리처럼 불어났다. 혈압상승제와 이뇨제를 투여해도 반응이 없다. 동공도 풀리고 자율 호흡도 없는 그녀의 상태는 의학적으로 사망 상태였다. 사실 치료 중단을 해야 하는 사유가 충분했다. 하지만 그러지 못하는 이유는 그녀의 보호자를 찾지 못했기 때문이었다.

그녀가 입원한 지 7일째 되는 날이었다. 사고 이후로 하루도 거르지 않고 내리던 비가 그날은 더욱 극성스럽게 내렸다. 결국 주치의 결심이 선 모양이었다. 치료를 중단하겠다고 선언했다. 하지만 그녀가 이름도 없이 죽는 것이 안타까워, 가족을 찾을 때까지 연장해야 하지 않을까요? 하는 나의 의견을 조심스럽게 말했다. 그러자 주치의는 짜증스럽게 대답했다.

"이 난리 통에 그런 사람이 한둘입니까? 죽을 사람이 못 죽고 자리나 차지하고 있으면 살 사람이 제대로 치료도 못 받고 응급실에서 대기하다가 죽습니다!"

그도 몹시 지쳐 있었다. 그 사고 이후로 밀려드는 환자로 인해 제대로 자지도 못하고 집에도 가본 적이 없다. 그러면서 그는 잠시 망설이더니 '오늘까지만'이라는 단서를 달았다.

백주 대낮에 사람을 잔뜩 먹어버리고 그대로 주저앉은 삼풍백화점, 모두가 섞여 매몰된 그 아비규환에서 구조된 사람들마다 구급차에 실려 병원으로 뿔뿔이 흩어졌다. 처음에는 가까운 강남, 이어서 강북으로, 더 나아가 경기도까지. 상태가 경하면 일반병실로 중태면 중환자실로 사망했다면 시체실로.

그런 와중에 자신이 누구인지 밝히면 되지만 이 여인처럼 자신이 누구인지 밝히지 못하면 가족이 찾아주기를 기다릴 수밖에 없다. 졸지에 비보를 들은 가족들도 황망하기는 마찬가지다. 죽었는지 혹은 살았는지. 살았다면 어느 병원에⋯. 가족들은 손에 사진을 들고 병원을 뒤지는 수밖에 없다. 그동안 그녀에게도 많은 사람들이 왔다 갔지만 가족은 아니었다.

그런 그녀에게 단 하루의 시간이 생긴 것이다. 그러는 중에 한 청년이 중환자실로 들어섰다. 엄마를 찾는다면서. 그는 그녀에게 다가오더니 얼굴을 찡그리며 아니라고 했다. 나는 그에게 자세히 보라고 했다. 부어서 그러니 눈이나 코 혹은 특징을 찾아서 확인하라고 했지만 그는 끝내 아니라며 돌아섰다. 나는 실망하며 말했다. '이분이 돌아가시기 전에 가족을 만나야 하는데….' 청년이 슬픈 기색으로 말했다.

"시체라도 구조되었다면 언젠가 가족을 만나겠죠. 벌써 일주일째 엄마를 찾아 헤매고 다닙니다. 응급실 병실 중환자실 심지어 시체실까지…. 그런데 아직 못 찾았어요. 아직도…."

그렇게 그녀에게 주어진 하루가 저무는 저녁이었다. 주치의는 이제 더 이상 새로운 약을 처방하지 않고 NO CPR(심폐소생 금지)을 선언했다. 침상 위에 붙여진 모니터에는 그녀의 활력 증상(혈압, 맥박)이 서서히 꺼져가는 불빛처럼 사그라들고 있었다. 심장 박동수를 보여주는 모니터를 바라보던 주치의가 의아한 눈빛으로 말했다. "어라? 심장 박동수가 다시 빨리지네. 더 이상 약도 안 주었는데 뭐지?" 그러나 나는 임종 직전에 일시적으로 활력 증상이 오르는 것을 본 적이 있어 대수롭지 않게 생각했다. 그러나 주치의는 동공 확인도 하고 그동안 연두부처럼 늘어져 있던 그녀의 손을 잡고 힘을 주어보라고 소리를 치기도 했다. "어라, 반응하네? 손에 힘이 있네. 뭐지?"

그때 중환자실 입구에서 다급하게 들어서는 중년의 남자가 보였다. 그는 우리가 있는 곳으로 성큼성큼 걸어왔다. 내가 물었다. "환자 찾으러 오셨어요?" 하지만 그는 대답도 하지 않고 그녀를 향해 달려왔다. 그리고 그녀가 누워 있는 침상에 도착하자마자 그녀의 얼굴을 감싸며 울기 시작했다. 그리고 말했다. "여보, 나야 나! 눈 떠봐!" 그는 산처럼 부어오른 그녀의 몸을 어루만지며 통곡했다. 그녀의 심장이 세차게 뛰며 혈압이 정상 수치까지 올랐다. 그녀가 입원하고 처음 보는 증상이었다. 정말 기적과 같은 일이 내 눈앞에 펼쳐졌다. 죽었던 사람이 살아나는 것과 같은….

하지만 수많은 사람들이 와서 자세히 살펴보다가 이내 찾던 가족이 아니라고 했는데 이 남자는 어떻게 금방 알아볼 수 있는지 의심이 들어 내가 물었다.

"남편이세요?"
"네. 내가 남편입니다."
"누가 봐도 금방 식별할 수 없는 상태인데. 어떻게 그렇게 자신하세요? 혹시 다른 입증할 것이 있나요?"
"내가 남편이라고 하니까 의심스러운 모양이군요? 내 아내 오른쪽 허벅지에 큰 점이 있어요."

내가 그녀 위에 있던 시트를 걷자 정말 허벅지에 점이 있었다. "또 없나요?" 내가 수사관처럼 또 묻자 그는 망설임 없이 대답했다. "귀 뒤에 상처가 있을 겁니다" 그의 말이 맞았다. 결국 남편으로 인해 그녀의 이름을 찾았다. 이름은 김순희 60세, 딸의 혼수를 위해 백화점에 갔다가 변을 당했단다.

그렇게 남편과 해로한 김순희 씨는 10여 분 후에 활력 증상이 급하게 떨어졌다. 곁에서 지켜보던 주치의가 당황하며 심폐소생을 시도하려 했지만 남편이 막아섰다.

"저도 의사입니다. 이제 내 아내가 편하게 가게 해 주세요. 아마도 날 만나려고 지금껏 살아 있었던 모양입니다."

그리고 그는 아내 손을 잡고 말했다.

"여보, 너무 늦게 와서 미안해. 애들도 당신을 찾느라고 뿔뿔이 흩어져서 있어. 당신이 이해해. 여보 그동안 고생 많았어. 먼저 가 있어. 나도 따라갈게."

이윽고 그녀의 심장은 멈추었지만 그녀의 표정은 평안했다. 그리고 나는 그녀의 눈에서 흐르는 눈물을 보았다. 그녀는 남편이 내과 전문의로 근무하는 여의도에 있는 병원으로 이송되어 장례를 치렀다.

중환자실에서 근무하며 수많은 죽음을 지켜보았지만 내 평생 잊지 못할 아름다운 죽음이었다. 죽음이라는 수많은 사람의 인생의 끝을 보면서 느낀 것은 단 하나, 어떻게 사느냐가 아니라 어떻게 죽느냐는 것에 달렸다. 한 나라를 움직일 만한 권력을 가진 사람이나 수조 원을 가진 재벌이나 명예를 가진 자나 아니면 노숙자나, 죽을 때는 비슷한 모습으로 죽는다. 지독한 외로움과 두려움이다. 그런데 이처럼 영혼을 나누는 따뜻한 사랑을 느끼면 아주 편안하게 죽을 수 있다고 한다.

흔히 병원에서 진단하는 뇌사상태를 '더 이상 살아 있지 않은 무의식 상태'라고 하지만 그저 뇌와 육체의 기능만 멈춘 것이다. 인간의 영혼은 결코 죽지 않는데 그 영혼은 그런 따뜻한 사랑을 품고 떠날 때 모두에게 축복이라고 하건만…. 수조의 재산을 가진 재벌도 세상을 호령했던 권력자도 차가운 침대에서 홀로 외롭게 죽는데. 그러나 이같은 아비규환의 재난 속에서 영혼까지 가는 따뜻한 부부의 사랑도 있다는 것을 알았다.

6부

딸에게

<u>42</u>
스스로 선택하라

선진의식이라 함은 타인의 인생에 관여하지 않는 것이다. 이유는 사회가 성숙하고, 국민 개개인이 자기의 문제를 선택하고 판단하는 자질이 충분히 되었기 때문이다. 우리나라도 국민소득 3만 불 시대에 접어들어 선진국 진입을 앞두고, 교육 수준은 세계 어느 나라보다 높다. 국민 대다수가 고등교육을 받았을 만큼 지적 수준이 높다. 그런데도 유독 의식 수준은 후진국 수준이다. 인간이 교육을 받는 이유는 남의 생각에 지배를 받지 않고 스스로 판단하며 인간답게 자기 주도적으로 살라는 것이다. 인간에게 돈, 권력, 성욕 등 수많은 욕구가 있지만 마지막 욕구가 지적 욕구라고 한다.

세상을 살다가 노년에 뼈아프게 후회하는 것이 바로 몰라서 당했다는 억울한 생각뿐이다. 아마도 인생을 다시 산다면 내 주관대로 살고 싶은 생각일 것이다. 세상을 사는 동안 남이 흔드는 칼 위에서 불안하게 춤만 추다 끝난 인생을 되돌아보며 내 인생의 칼자루를 내가 쥐고 흔들었어야 했는데, 하는 뒤늦은 후회가 밀려온다. 그래서 인간의 마지막 욕구가 바로 알고자 하는 지적 욕구라고 하는 이유다.

이런 인간의 지적 욕구로 인해 오늘날 과학 문명이 이처럼 발달해 왔다. 인간의 알고자 하는 욕망 실현으로 인해 인간의 문명은 이처럼 발달했는데 오히려 인간의 개별적인 지적 수준은 떨어지고 있다. 다시 말하면 먹고사는 것은 편해졌지만 사고의 능력이 떨어져 스스로 자립하지 못하고 있다. 그래서 현자를 좇고 심리 상담가를 찾아다니고, 특정한 연예인들이 모여 앉아 떠드는 소리에 현혹되고, 수많은 동호회를 만들어 정보를 공유하지만 결국 자기 인생에 대한 직무 유기다. 누구도 내 인생을 책임져 주지 않는다는 사실이다.

그래도 선진의 역사를 오래 유지해 온 서구 유럽인들은 절대로 타인의 인생에 개입하지 않고 자기의 견해를 무조건 따르라고 종용하지 않는다. 최근 대한민국도 모든 것이 선진국의 여건에 도달했지만 의식 수준은 여전히 후진국형이다. 자신의 생각과 판단보다는 지나치게 타인의 생각에 의존한다. 나름 인지도가 있다는 세력들도 자기 생각을 상대에게 억압적으로 주입하고, 그런 의견에 반하면 시대에 뒤떨어지고 고루하다고 배척한다. 그러다가 보니 계파 간, 성별 간, 세대 간, 직종 간 등등의 대립과 반목으로 앞으로 나아가는 동력을 상실하고 있다.

십여 년 전 타임지에 나온 말이다. 20세기는 남이 좋아하는 내가 되었지만 21세기는 내가 좋아하는 내가 되는 것이라고 했다. 시대가 이럼에도 남녀노소 할 없이 남의 인생을 쫓으며 자신을 상실하고 살아간다. 특히 유튜브가 활성화되면서 수많은 정보가 홍수처럼 쏟아져 나오니 점점 더 자신을 찾는 게 어려워지고 있다.

심리학자 칼 융은 통탄한다. 세상이라는 무대에서 남의 의견에 맹종하는 노예처럼 살면서 주인공인 양 착각한다고. 그러나 세상을 살다가 죽어 심판대에 오르면 너의 스토리를 말하라고 하지 않던가? 내 스토리도 없이 남이 들려주는 스토리를 아무리 현란하게 떠들어 봐야 점수를 받지 못한다 하지 않던가?

특히 베이비부머는 자식인 M세대에게 '너의 스토리를 스스로 멋지게 만들라'고 죽을힘을 다해 가르치지 않았나. 대한민국 M세대는 대한민국 역사 이래로 가장 많이 배운 세대다. 이유는 베이비부머가 오로지 자식을 가르치는 것에 올인했기 때문이다. 자신이 그만큼 배우지 못했다는 아쉬움으로 과하게 자식 교육에 몰입했다. 유아기부터 온갖 동화책을 사주고 피아노도 가르치고, 태권도 도장도 보내는 등 조기 교육에 전념하고, 이후로 자식 교육을 위한 것이라면 모든 것을 바쳤다. 자식의 사교육을 위해 분수에 맞지 않게 강남으로 입성하고, 빚을 내어 해외 유학도 감행했다. 그렇게 자식 교육을 위해 모든 것을 쏟아붓느라고 엄마는 단란주점 도우미로 나섰다는 소문도 있고 고위공직자의 불법 탈법의 원인이 되기도 하고, 결국 콧물도 마르지 않는 어린 자식의 유학을 위해 아내까지 딸려 보내며 어느 나라에도 없는 기러기 가족까지 양산했건만.

결국 베이비부머의 자식을 향한 교육열은 자기의 기대치를 자식이 이루어 주기를 바란 것은 아닐지. 그래서 자식을 향해 너는 무엇이든 할 수 있다며 오로지 과한 지식만 꾸역꾸역 집어넣어 망상적 사고만 키운 것은 아닐지. 그래서 자식이 활용되지 못한 지식에 스스로 매몰되게 만든 것은 아닐지. 사실 인간이 지식을 쌓는 것은 지식 그 자체가 아니라 그 지식을 바탕으로 한 경험을 통해 분별력을 갖는 것이다. 분별력이라 함은 다 이루고 가지려는 것은 욕심으로 한계를 인정하는 것이건만….

그래서 라임홀트는 이렇게 기도한다.

"god, grant me the serenity to accept the things I can't change, the courage the change I can, and the wisdom to know the difference."

이 기도문은 3가지를 소원한다. 하나는 serenity다. 냉정함, 즉 인간적인 감상, 이상, 나의 스펙 등 내가 과거부터 쌓아온 모든 것을 관계에 매이지 않고 쿨하게 바라보게 해달라는 것이다. 그래서 할 수 있는 것과 할 수 없는 것을 받아들이게 해달라는 것이다. 둘째는 courage다. 용기, 할 수 있는 것은 하게 하는 용기를 주시고, 할 수 없는 것은 포기할 수 있는 용기를 달라고 하는 것이다. 셋째는 wisdom이다. 지혜, 이 두 가지를 식별할 수 있는 지혜를 달라고 하는 것이다.

그래서 20세기는 남의 선택을 따라가는 모방의 시대였다면 21세기는 내가 선택하는 창조의 시대를 살라는 것이다.

딸아, 부디 남이 하는 소리에 귀 기울이지 말고 너만의 인생을 분별력 있게 살아라.

43
82년생 김지영?

『82년생 김지영』이라는 소설이 한때 화제였다. 이 시대에 결혼을 하고 직장을 다니고 아이를 키우는 여자의 고통을 재현해서 많은 여자들의 공감을 받았다고 한다. 그러나 김지영의 부모 세대인 나는 아무리 그녀의 상황을 이해해 보려고 해도 선뜻 공감이 가지 않았다.

82년 김지영은 바로 M세대다. 대한민국 어떤 세대보다 많이 배우고, 어려움 없이 자란 자존감이 높은 세대다. M세대 김지영은 대학을 나와 직장을 다니고 결혼을 하고 자식까지 낳은 지극히 정상적인 삶을 살아온 여자다. 누가 무어라 해도 이 시대의 기득권이다. 대학을 졸업했으면 최고 학부를 나온 것이다. 이 정도의 수준이면 원하는 일을 자유롭게 선택하고, 누가 어떤 인생을 살든 자기만의 인생을 살 수 있다.

그럼에도 82년생 김지영은 자신의 처지를 이해해 주지 못하는 직장 때문에, 자신을 도와주지 않는 남편 때문에, 한 명의 자식을 돌보는 것이 너무 어렵다고 울부짖는다. 물론 작품의 내용을 보면 사회성이 떨어지는 것까지는 성격적으로 이해하지만 단 한 명의 자식도 키우기 어렵다는 것은 이해가 가지 않는다. 여자에게 모성애는 타고난 본능이다. 세상 모든 동물이 가르쳐주지 않아도 자기 새끼는 눈물겹게 잘 거둔다. 갈 곳 없는 들고양이조차 새끼를 거두는 모습은 경이롭기까지 하다. 하물며 만물의 영장인 인간이 제 자식을 키우기 어렵다니.

시집살이 힘들다고? 대가족이 함께 사는 것도 아니다. 어쩌다 만나는 시댁 식구가 자신을 이해하지 못한다고 하면서 신경증 증세를 일으키는 것보단 분명하게 자기 의사를 표현하며 절충안을 찾아가는 것이 현대 여성답지 않을지.

남편도 보통의 남편이다. 다소 무심한 성격의 남자라는 사실 이외에 특이한 현상이 없다. 과거에는 생활력도 없고 무책임하고 심지어는 폭력적이기도 한 남편일지라도 자기 정체성도 약하고 경제적으로 독립하지 못해 어쩔 수 없이 살아야 하는 게 여자의 일생이었다면, 지금은 어떤 선택이든 주도적으로 할 수 있다.

그런데 82년생 김지영은 어떤 선택도 주도적으로 하지 않는다. 그리고 그 글을 읽어 보면 그녀는 정신적인 문제가 있어 보인다. 오늘날처럼 심화된 경쟁사회에서 선택이 다양해지고 더하여 환경도 급변하면서 대부분의 현대인은 정신 질환을 앓고 있다고 한다. 정신의학자 스캇 펙 박사는 정신 질환을 신경증(neuropath)과 정신 분열증(schizophrenia)

으로 나눈다. 신경증은 세상이 문제가 있다며 자신을 괴롭히는 것이고, 정신 분열증은 모든 원인 타인에게 있다고 분노를 표출 하는 것이다. 이 같은 정신의 문제는 삶의 문제가 왔을 때 이 문제에 대한 해결력이 떨어지기 때문이라고 한다. 김지영이라는 인물은 자신에게 닥친 문제를 미성숙하게 대처하면서 피해 의식으로 자신을 괴롭히고, 더하여 남편이나 가족을 괴롭히는 분열증을 동시에 가지고 있다.

가장 슬픈 것은 자신의 미약함을 전혀 부끄러운 줄도 모른다는 사실이다. 그래서 인내하며 결실을 맺으려 노력하기보다는 분열을 주도하고 주변 사람들의 감성을 자극하여 미성숙한 자신 쪽으로 끌어들인다는 사실이다. 과거의 어머니들은 배운 것도 없이 지독한 가난에서도 결코 자존감은 지켜냈는데 어쩌자고 82년생 김지영은 자존심도 낮고, 자립심도 떨어지고 지혜도 없는지….

그래도 진보 정치권에서 적극 추천하는 작품이라며 문재인 전 대통령도 추천했다는 이유로 번역이 되어 세계로 나가고 영화도 찍었다. 이런 신경증 환자의 일생을 담은 이야기를. 그 영화나 글을 읽는 사람들은 '한국 여자 이상하네?'라고 생각하지 않을까? 선진국 여자들은 남자보다 더 남자답게 산다는데.

1990년대에 남편이 석사학위를 받기 위해 2년간 미국에서 생활했다. 그때 미국 여성들의 치열한 삶을 보고 놀랐다. 옆집에 사는 '노라'는 대학교 조교였는데 출산 후 일주일 만에 출근을 하는 것이었다. 통통 부은 몸을 이끌고 나가면서 하는 그녀의 말, "법정 휴일 꼬박꼬박 찾아 먹다가 부교수 자리 못 차지할 수도 있어요" 결국 그녀는 그해에 그리도 바라던 부교수가 되었다. 그러면서 그녀는 얼마 전에 세상으로 나온 딸 덕이라고 좋아했다. 비록 제도가 있어도 선택에 대한 본인의 의지가 중요했다. 그리고 의미를 부여하는 여유로운 모습이 오래 기억에 남았다.

또한 당시 초등학교 다니면 딸의 친구, 메리의 엄마는 간호사로 일했다. 그런데 그녀는 저녁에 잔디를 깎았다. 메리 아빠는 어디 갔냐고 물으면 담담하게 대답했다. "힘은 내가 더 세다"고. 맞벌이인데도 집안일도 남녀의 구분 없이 할 수 있는 사람이 하면 된다는 의미일 것이다.

이웃인 웬디 엄마와 아빠는 동네에서 잉꼬부부로 소문이 났다. 부부는 거리낌 없이 스킨십을 하며 사랑을 표현하더니 어느 날 마당 밖으로 집 안의 짐이 몽땅 나와 있는 것이다. 이유인즉 둘이 이혼을 결정했다는 것이다. 그날로 그동안 살아온 살림살이를 정확히 나누고, 웬디는 엄마가 데려가고 웬디 동생 데이빗은 아빠가 데려간단다. 부부로 살 때는 절대 사랑하며 살지만 일단 헤어지기로 했으면 아주 쿨하게 헤어진다.

미국에서 2년간 생활을 하면서 비로소 선진국 여자는 남자와 똑같이 행동하고 결정하며 산다는 것을 알게 되었다. 20세기에 수많은 여성들이 여성 인권을 위해, 남성 위주의 사회를 개혁하기 위해 노력한 결과 오늘에 이르렀다. 이제 어떤 삶을 살지 선택할 수 있는 양성평등 사회다.

양성평등이라 함은 여자가 무조건 남자처럼 살라는 것이 아니다. 21세기는 선택의 시대라고 하지 않던가. 비교하면서 피해의식에 젖지 말고 당당히 자기의 생을 선택하면 된다. 지난 20세기에는 남녀가 피 터지게 경쟁하며 개인의 성취도에만 몰입한 결과 인간이 모든 것을 다 취할 수 없다는 것을 알게 되었다. 자신의 행복을 위해 스스로 수위 조절을 해야 한다. 자기 성취에 몰입하게 결혼을 포기하든, 결혼 생활을 위해 직장을 포기하든, 아니면 둘 다 적당히 지혜롭게 해내든, 이것도 저것도 아니면 이혼하여 새출발하든 자신이 결정하는 것이건만….

세상은 이처럼 변해가는데 유독 한국의 딸들에게 특이하게 미성숙한 여자가 되어 징징대는 82년생 김지영처럼 살라고 하니….

44

동백꽃 필 무렵

『82년생 김지영』이 영화로 방영이 될 즈음, 『동백꽃 필 무렵』이 드라마로 방영되었다. 『동백꽃 필 무렵』의 주인공 동백이와 김지영은 같은 세대다. 김지영은 중산층 가정에서 대학을 나오고, 직장을 다니고, 결혼을 하고, 아내를 이해하려고 노력하는 남편과 살면서 아이를 낳고…. 반면에 동백이는 어려서 어머니로부터 버림받고, 사랑하는 남자로부터 버림받고, 홀로 아들을 낳아 키우는 미혼모로 살아오면서 지독한 사회적인 편견에 시달린다.

그러나 그녀는 결코 자기 원칙을 포기하지 않았다. 그런 사회적인 편견에 자신을 비굴하게 만들지도 않고, 오로지 자식을 위해서 누구도 근접할 수 없는 강인함을 보여준다. 그녀는 얄팍한 지식이나 현란한 말재주로 사람을 현혹한 적도 없다. 오로지 어떠한 불의에도 결코 타협하지 않고 원칙적인 행동을 이어 나가자 그녀를 멸시하고 조롱하던 이웃도 그녀를 동조하며 변해 간다. 세상은 그렇게 변해 가는 것이다. 내가 먼저 변해야 세상도 바꿀 수 있다.

그런데 82년생 김지영은 전혀 다른 방향에서 소리친다. 오로지 여자에게 불합리한 세상의 시스템과 주변의 인물들 때문에 자신이 원하는 삶을 살지 못한다고. 결국 주변인이 그녀 때문에 변한다. 남편은 일을 그만두고 아이를 보는 살림남으로 변하고 그녀는 일을 하러 나가는 엔딩이다. 남편은 살림하고 여자가 돈을 벌면 여자는 행복할까?

그러나 인생을 살아본 여자들이 하는, 다음과 같은 말이 있다. "공부를 아무리 잘하는 여자라도 절대 못 이기는 여자가 바로 예쁜 여자다. 예쁜 여자가 죽어도 못 이기는 여자는 바로 팔자 좋은 여자다" 우리말 속담 중에 "여자 팔자는 뒤웅박 팔자"라는 말이 있다. 좋은 남자를 만나면 여자의 인생이 바뀐다고 했다. 비록 자기 성취를 목표로 사는 여성 시대라지만 시대를 막론하고 여자는 언제나 신데렐라 드림에 푹 빠져 있다. 여자가 성공하려는 이유는 자신의 가치를 극대화하여 더 나은 조건의 남자를 만나고 싶어 하기 때문이다. 그래서 선택이 자유로운 현대 여성은 한정된 미모를 뛰어넘는 지성으로 무장한다. 그러나 여자의 숙원으로 남자처럼 승리하여 하버드 대학을 졸업한 여자들이 볼멘소리한단다. 남자가 하버드 대학을 나오면 멋진 여자들이 벌떼처럼 달려들지만 오히려 하버드를 졸업한 여자는 결혼을 위해 학력을 감추어야 한다고…. 이유는 능력 있는 남자는 자기보다 능력이 있는 여자를 원하지 않는단다. 그래서 중매 시장에는 A급 여자와 C급 남자만 남아있단다. 능력 있는 남자를 만나기 위해 능력이 있는 여자가 되었건만.

그렇다고 남자와 경쟁하여 획득한 직업으로 누구에게도 구속되지 않은 자유로운 인생을 추구했지만 나이가 들어가면서 결혼도 하지 못한 여자라는 소리도 상처가 된단다. 이처럼 남녀평등 시대라고 하지만 평가 방식에서 오는 남녀의 차이라고 한다. 글로리아 스템은 "자신이 누구냐가 아니라 무엇을 하느냐로 성공의 가치관을 평가하는 것은 남성적인 평가 방식"이라고 한다. 그런 남자의 성공 평가 방식은 전부가 아니면 전무라는 의식으로 자기희생을 성공과 동격으로 보는 지극히 소모적인 성격을 띤다.

그에 반해 여자들은 내가 누구냐는 것과 무슨 일을 하느냐와 분리해야 행복해진단다. 남자는 자신이 하는 일에서 성공하면 인생에 성공했다고 하고, 여자는 아무리 자신의 일에서 성공했어도 가정이 없으면 실패한 인생이라고 생각한다고 엘리자베스 맥케너가 『성공을 강요받은 여자』에서 말한다. 이같이 남자처럼 성공을 이룬 미국의 커리어우먼들 중에서 이 사실을 깨닫고 일을 통한 정체성에서 벗어나 자신에게 중요하다고 생각하는 가치로 정체성을 재정립하는 여성들이 늘고 있단다.

심리학자 융은 『유럽의 여성』에서 다음과 같이 설명한다.

"여성의 특성은 인간에 대한 사랑으로 모든 것을 할 수 있고, 남성은 사물에 대한 사랑이 특성이다. 비록 사물에 대한 사랑으로 대단한 일을 수행하는 여자들도 있지만 이것은 예외에 해당한다. 왜냐하면 그것은 본성과 어울리지 않기 때문이다. 그러나 인간은 남성적인 것과 여성적인 것을 본성에 융합하고 있기 때문에 남성이 여성적인 것을, 여성이 남성적인 것을 체험할 수도 있다. 문제는 남성에게 여성적인 것, 여성에게 남성적인 것은 본래 뒷면에 있다는 것이다. 그래서 자기의 성과 반대되는 성을 앞면에 세워 살게 되면 자기 고유의 성이 소홀해진다. 다시 말하면 무역, 정치, 기술, 학문 등 공적인 영역은 여성에게는 대개 의식의 그늘에 있는 것이다. 여성은 가정에 국한된 개인적인 관계의 의식성을 계속 발전시킨다."

백악관 보좌관을 거쳐 CNN 수석 부회장을 지냈던 게일 에반스는 그녀가 쓴 『남자처럼 승리하고 여자처럼 성공하라』를 통해 다음과 같은 말을 한다.

"모든 커리어우먼은 부모든 형제자매든 자녀든, 그들과의 관계적인 요소로 인해 일에 방해를 받게 된다. 그러나 이런 관계를 맺지 않고 혼자인 여성은 결코 만나본 적이 없다. 업무 지향적인 여성으로 일에서 성공할 수 있다 해도 결국에는 관계 지향적인 여성적인 본성의 소리를 결코 무시하지 못한다. 그래서 업무 자체보다 이런 관계 요인으로 직장을 그만두거나, 시간을 변경하거나, 다른 곳으로 이주해야 하는 경우가 속출한다. 그래서 여성의 게임판은 아주 복잡하다."

그러면서 게일 에반스는 진짜 슈퍼우먼은 자기 집 마룻바닥을 닦는 여자라고 한다. 다시 말하면, 누가 무어라 해도 여자가 되라고 한다. 드러나는 업적 위주보다는 따뜻한 관계에 우선순위를 두라고 한다. 가정을 이끌고 가족 간의 관계를 주도하는 것은 바로 여자에게 준 하나님의 특권이다. 융도 말한다. 여자는 여자답게 남자는 남자답게 살라고. 공연히 남자답게 산다고 설치지만 남자의 미성숙한 모습만 대변할 뿐이라고. 내 안에 숨겨진 보석과 같은 진정한 여성성, 바로 가족을 위한 깊은 사랑으로 참고 인내하면 분명 후손에게 복을 준다고 하건만….

45

정말 승리한 것인가?

2019년 1월 23일 성추행과 인사 불이익으로 재판을 받던 전직 검사장에게 2년의 실형이 선고되었다고 한다. 그 선고는 그날 대한민국 실시간 검색어 상위권을 오르내렸다. 왜냐하면, 2018년 대한민국에서 핫한 뉴스 중 하나였기 때문이다. 방송에 출연해서 공개적으로 자신의 처지를 변론했던 여검사가 승리했다는 소식을 접하고 사회 정의가 실현되었다고 해야 할지 아니면 페미니스트의 성공이라며 여자로서 기뻐해야 할지…. 환갑을 넘긴 나이가 되고 보니 그런 사건을 바라보는 마음은 언제나 두 방향이다. 아들 가진 엄마와 딸을 가진 엄마의 마음, 세상에는 끝까지 파헤쳐야 하는 정의가 있어야 하는가 하면 끝까지 가슴에 품고 가야 하는 것이 있다.

그래서 오래전 지인이 겪었던 일이 떠올랐다. 당시 지인은 김대중 정권에서 중앙 부처의 고위 공직자로 있었다. 김대중 정권이 시작되면서 여성부라는 조직을 만들어 여성의 인권을 본격적으로 국가가 제도화하려는 초기 단계였다. 그런 상황에 지인은 남편이 가부장적이고, 언어가 거칠고, 직설적인 성향이 있어 늘 근심 걱정에 싸여 있었다. 기독교인인 아내는 그런 남편의 태도를 바꾸어 달라는 기도를 하루도 거르지 않았다.

하지만 산하 단체 간부들과 회식을 하던 자리에서 그만 남편이 사고를 치고 말았다. 여성 직원도 함께 있는 자리에서 여성 비하 발언을 하고 술에 취해 비틀거리다가 그만 과장급 여직원 앞으로 쓰러지고 말았다고 한다. 어쩔 수 없는 성추행이 벌어지고 만 것이다. 그 후 얼마 지나지 않아 청와대에서 남편에게 사표를 쓰라고 했단다. 그 과장이 투서를 했다는 것이다.

졸지에 직장을 잃은 남편은 아직도 백수로 지낸다. 이후로 그는 더 강경하게 여초 혐오자가 되었고, 지금도 교회를 열심히 다니는 아내를 보며 이렇게 소리친다고 한다.

"하나님은 결코 정의롭지 않다!"

여성부라는 어느 나라에도 없는 공적 조직이 생겨나면서 직장 내에서는 끊임없는 성추행의 논란이 그치지를 않는다. 여자의 적은 여자라고 했던가? 한 가정의 가장을 공격해서 얻은 결과는 한 가정의 파괴다. 비록 남녀가 평등하다며 동등한 조건에서 사회활동을 한다지만 남녀의 분노 표출은 다르다. 대부분 남자는 분노를 일으킨 당사자를 직접 공격하는 경향이 있는 데 반하여 여자는 주변의 세력을 이용하여 모두를 죽이는 경향이 있다. 그녀는 사회 정의 차원이라지만 그녀도 자신의 위치를 염두에 둔 개인적인 감정을 기득권이라는 위치에서 공적으로 발설했으니 파급력은 그만큼 컸다. 성폭행이 아닌 성추행으로 감옥을 갈 정도의 판결이 내려진 것도 당시 그녀가 가진 위력이 아니었을지. 그 사건을 시작으로 많은 남자들이 사회적으로 매장되고, 더 나아가 스스로 목숨까지 끊는 일이 일어났다.

아직 멀었다고 할지 모르겠지만 대한민국은 성평등 사회다. 대학 입시나 고시 등에서 여자의 합격률이 남자를 능가하고 있다. 현재 대한민국에서 여자라서 진입하지 못하는 영역은 전혀 없다. 이제 여자가 더는 약자가 아니라는 사실에 남자들도 날을 세운다. 이런 여자의 행동이 오히려 여자들의 사회적 활동을 막는 것이다. 남자와 경쟁하려면 공정한 게임을 해야 한다는 것이다.

그래서 우리나라보다 먼저 양성평등이 실현된 나라에서 여자들에게 먼저 경고한다. CNN 부사장을 지냈던 게일 에반스는 남자와 경쟁하는 직업군에 있는 여자들은 남자의 게임 방식에 먼저 적응하라고… 남녀가 같은 테이블에 앉아 게임을 시작한 지 1세기가 되었지만, 여전히 여자들이 불리한 게임을 하고 있다는 불만을 털어놓는 것을 보고 『남자처럼 일하고 여자처럼 성공하라』라는 책을 출간했다.

제2차 대전 이후로 경제 호황과 함께 미국 여성들의 사회적 역할이 공격적으로 확장되면서 남성의 역할과 대등한 위치에 이르렀다. 그러나 1990년대부터 미국의 경기가 전 고점에서 답보 상태를 보이자 여성들은 다시 남성 중심의 사회구조 때문이라는 불만에 빠졌다. 대부분 전문직 여성들이지만 자신의 직업에 대한 자부심보다는 '상실감, 덫에 걸린 기분, 발목 잡힌 느낌' 같은 용어를 남발하는 것을 보고 게일 에반스는 여자는 남자와 게임을 하기 전에 게임의 규칙을 숙지하지 않는다고 했다.

에반스는 어떤 게임이든 시작을 하기 전에 안내서를 읽고 게임의 방법을 따라야 하는데 여자 대부분은 자기 방식만 고집한다는 것이다. 물론 남자도 게임 방법 안내서를 읽지 않는다고 한다. 이유는 남자들이 그 방법을 만들어냈기 때문에 읽을 필요가 없다는 것이다. 그래서 여자들은 불공평하다고 하지만 그런데도 여자들이 게임을 하려고 경기장에 입장했으면 그들의 규정을 먼저 이해하고 대응해 나가야 한다는 것이다.

검찰은 남자에 의해 만들어진 조직이다. 여검사의 비율이 갈수록 커지지만, 조직에 안착하는 비율이 낮은 이유를 단순히 남자 중심의 조직문화로 돌리면 오히려 여자들의 확장성은 떨어질 것이다. 어차피 남자와 경쟁하겠다고 게임에 뛰어들었으면 이기는 게임을 해야 한다. 상대의 잘못이라고 게임의 규칙을 바꾸어 달라고 징징대면 게임에서 이길 수 없다. 성추행하는 남자의 손을 그 자리에서 비틀어 버리든 한 대 후려치면 된다.

2019년 『검색어를 입력하세요 WWW』라는 드라마가 기억에 남는다. 드라마에 나오는 인물, 차현은 엄격한 도덕적 기준을 가진 인물이다. 그는 자신과 달리 윤리보다 실리를 중시한다. 하지만 강한 정의감을 가진 만큼 차현은 부당한 상황이나 가해자에 대해 거친 언어도 서슴지 않는다. 특히 사내 연애를 한 남자친구가 양다리를 걸쳤다는 사실을 알게 되자, 눈물을 흘리는 대신 다양한 형태의 비속어로 그에 대한 살의를 표현하며 "내가 진짜 분노조절장애였으면 넌 이미 고인이야"라고 말하기도 했다. 아무리 부당한 상황이더라도 그가 사용하는 비속어 자체가 정당하다고 보기는 어려울 수 있다. 하지만 그녀는 남자 친구와 헤어진 후 친구에게 털어놓는다. "익숙하니까 복수도 하는 거야. 20대 땐 아무것도 하지 못하고 울기만 했어"라며 분노를 가감 없이 표출하는 차현의 모습 뒤에는 과거 그녀가 여성으로서 겪어온 현실이 숨어 있다. 이제 과거와 달리 뒤에서 숨어 누군가에게 내 문제를 해결해 주기를 바라지 말고 스스로 해결할 힘을 키우라는 것이리라. 여검사가 이런 자세로 상사에게 대응했다면 결코 상사가 근접하지 않았을 텐데.

드라마 『검색어를 입력하세요 WWW』는 오늘을 살아가는 M세대다. 그녀는 20대에 멋모르고 당했지만, 이제는 당하지 않겠다고 하지 않던

딸에게

가? 속절없이 당한 부끄러움을 더 이상 반복하지 않겠다는 의미일 것이다. 세상 살아봤다는 중년의 여검사가 방송에 나와서 긴 머리를 늘어뜨리고 억울하게 당했다는 모습보다는, 모욕이라고 느끼는 순간 그 상대를 패주었으면 아마 지금 즈음 정치하지 않았을까? 더구나 그녀는 사회정의를 부르짖는 직업인이기 전에 아내이며 어머니의 위치에 있다. 지금 그것을 기억하는 사람이 몇 사람이나 될까? 무심히 던진 돌 하나에 개구리가 맞아 죽는다고 했다. 그 사건으로 인해 또 얼마나 가족들이 고통을 받았는지 알아야 한다. 물론 폭로한 여검사의 가족도 고통을 받는다는 사실도 알았어야 한다. 여검사의 남편이나 자식은 내 아내가 혹은 우리 엄마가 대한민국 검사로서 자부심을 가지고 있었을 텐데. 저건 뭐지? 마치 성매매 여성처럼 성추행을 당했다니? 하며 부끄러움을 느끼지 않았을까?

그래서 하나님은 여자에게 억울한 일을 당하면 직접 손에 갚으려 들지 말라고 하신다. 내가 갚아주겠다고 하시건만….

46
남자처럼 'NO'라고 소리쳐라

2006년 미국에서 시작된 미투 운동이 2018년 대한민국에 상륙했다. 그런데 미투 운동은 미국의 여성 사회운동가 타라나 버크가 미국에서도 가장 약자인 소수 인종 여성, 아동들이 자신의 피해 사실을 드러낼 수 있도록 독려해주고 피해자들끼리 서로의 경험을 공유, 공감하고 연대하며 용기를 내어 사회를 바꾸어 갈 수 있도록 창안한 것이다.

그런 미투 운동이 우리나라는 기득권에 있는 여검사가 어느 날 8시 뉴스 시간에 나와 성추행을 당했다는 미투 운동이 시작되었다. 분명 사회적인 약자의 외침이라는데 그녀는 자신의 문제를 스스로 해결할 수 있는 지도층이다. 여검사는 아주 여린 여자의 모습으로 나와 자신이 상사로부터 당한 과정을 소상히 털어놓았다. 사실 그녀는 당하지 않기 위해 공부를 하고 검사라는 직위에 올라가지 않았나?

딸을 키우는 엄마의 마음으로 그런 그녀를 바라보니 그녀는 남자와 게임을 하려고 경기장에 들어섰지만 경쟁자를 파악하는 데 실패한 것은 아닌지 하는 생각이 들었다. 흔히 남녀평등이라지만 남자와 여자는 절대 같지 않다. 염색체도 남자는 XY, 여자는 XX로 다르다. 유전학자들은 남성과 여성의 사회적인 생활 방식에서 현격한 차이를 보인다고 했다. 남자는 자신의 욕구 충족이 강한 반면에 여자는 관계에 중점을 둔다고 했다. 특히 경기에 임하는 남자들의 목표는 오로지 이기는 것뿐이다. 하지만 여자들은 게임에 참여하는 구성원들이 이기고 지는 과정에서 받는 상처를 피하고 싶어 한단다. 경쟁보다 화합에 주력하고 싶은 것이다.

게일 에반스는 남성과 여성이 모여 토의할 때마다 직업과 관계없이 남성은 남성끼리, 여성은 여성끼리 같은 언어 표현을 쓰는 특성이 있다고 한다. 남성은 '공격적인, 끈질긴, 완전한 승리, 이기려는 욕망, 권력을 쥔…'과 같은 용어를 남발하는 데 반해 여성들은 '협조적인, 타인 존중, 비경쟁적, 권력의 공유, 모두 승자가 될 수 있는 느낌, 모두에게 사랑받고 싶어…'를 자주 쓴다. 이는 나름대로 성공 대열에 있는 사람들의 인터뷰에서 도출한 결과라고 했다.

여검사는 상사의 손이 자신의 엉덩이에 꽤 오랫동안 오르내렸다고 말했다. 공개된 장소에서 동료가 보고 분노할 만큼 말이다. 그러나 게일 에반스는 행동하는 남자보다 참는 여자에게 문제가 있다고 했다. 게임에 임하는 남자는 자신이 원하지 않는 것은 즉시 'NO'라고 한단다. 그러나 여자는 어떤 상황을 개인화하기 때문에 'NO'라고 하지도 않고 상대로부터 들으려고 하지도 않는단다. 특히 남자와 게임을 하는 여자들은 'NO'라고 하면 상관과 자기와의 관계가 실패해 버렸다고 생각한다. 여자들은 거부당할까 봐 두려워 자신이 원하는 것을 분명하게 요구하지 않고 속으로 끙끙대다가 참고 말지, 하는 쪽으로 기운다는 것이다.

여검사는 당연히 그 자리에서 강력한 거부의 의사를 표시하든지, 기지를 발휘하여 농담처럼 가볍게 제지하든지 했어야 한다. 상대의 체면을 위해 참았다는 것은 게임을 하는 여자의 자세가 아니다. 말에 대한 개인의 반응은 말 자체에 실린 힘에서 나온다고 한다. 비록 여자는 문제를 확대하지 않기 위해 조용히 있었다 해도 가해자인 남자는 계속해도 된다는 사인으로 받아들인단다. 더구나 남자의 비율이 절대적인 권력 집단에서는 남자는 오히려 그런 자신을 드러내며 영웅시하는 경향이 있다. 남자는 특성상 때린 자만 계속 때리게 되어 있다. 처음 맞았을 때 적절하게 대응하지 않으면 같은 방법으로 계속 공격하는 것이 남자다.

게일 에반스는 게임에서 치고 나가려면 과감하게 알을 깨고 나오라고 한다. 물론 남자는 어려서부터 남자답게 모험을 하라는 격려를 받으며 자라왔지만 여자는 피하라는 교육만 받아왔다. '몸을 다치지 않게 조심하라', '뛰지 마라', '혹시 상처라도 나면 시집이라도 가겠니?' 하면서. 하지만 어쩌겠나? 남자와 게임을 하려고 운동장에 뛰어들었는데. 억울하다고 울면서 도와달라고 해봤자 게임이 시작되면 혹독한 승부사의 세계일 뿐이다.

게일 에반스는 경기장에 등장할 때와 퇴장할 때를 알라고 한다. 여성 대부분은 일이 자신이 생각하는 만큼 잘 돌아가지 않으면 자신을 시스템의 희생양으로 보고 참으려는 경향이 있다고 한다. 그러면 인생은 점점 더 고달파진다고 한다. 불평불만 하면서 다니느니 과감하게 때려치우라고 조언한다. 여자라고 봐주기 없다고 씩씩대며 달려든 남자에게 '나 안 해!' 하며 경기장을 빠져나오면 남자는 오히려 그 여자와 경쟁하면서 느낀 박탈감보다 더 심한 박탈감을 느낀다고 한다. 여자에게는 가정이라는 퇴로가 있지만 남자들에게는 퇴로가 전혀 없기에….

인생은 결국 자기 일을 사랑하는 사람이 마지막 승자다. 게일 에반스는 남들이 부러워하는 중요한 직책을 맡고 있으면서 암담하게 사는 사람이 많다고 말한다. 하지만 자기 일을 사랑하면서 암담하게 사는 사람을 본 적이 없다고 한다.

47
내 인생의 전문가는 나일 뿐인데

　요즈음 경쟁적으로 어린 자식의 기이한 행동을 고쳐 보겠다고 정신의학자에게 의뢰하는 프로그램이 인기를 모으고 있다. 특히 유아기에 있는 아이들의 기이한 행동이 방송을 타자 사람들은 '세상에 저런 일이?' 하면서 관심을 끈다. 그 결과 시청률이 치솟자 앞다투어 정신의학자를 신처럼 떠받들며 연예인들도 다투어 자신들의 신상을 털어놓고 있다.

　물론 일반인들은 전문 지식이 부족하여 자신의 심리상태나 인생에 대해 전문가에게 털어놓으면 해결이 될 것으로 믿는다. 그러나 전문가는 알고 있다. 심리치료로 절대 심리치료가 되지 않는다는 것을…. 진정한 전문가는 한계를 인정하는 것이다. 스스로 전문가임을 내세워 자신의 심리치료 과정을 소상하게 공개한다.

　그러나 심리치료에는 기본 원칙이 있다. 바로 '내담자 비밀주의 원칙'이다. 다시 말하면 심리 전문가라면 심리치료를 위해 찾아온 환자의 상태나 그들이 하는 말과 행동을 절대로 공개적으로 발설하면 안 된다. 그런데 어찌 된 일인지 아주 당당하게 방송을 통해 전 과정을 보여주다니. 특히 아이들의 기행을 거침없이 보여주고 있다. 흔히 아이는 어른보다 심리 교정이 수월하다고 한다. 이유는 아이들은 자신이 한 행동을 알지 못하기에 바로 잊는다. 다시 말하면 어른들처럼 고착화되어 몸과 마음에 남아 있지 않는다는 의미다. 그래서 아이는 행동 교정이 가능하다.

그런데 심리치료를 위한다는 명분으로 만들어진 방송용은 영원하게 기록으로 남는다. 그저 대중을 향한 아이의 병리적인 행동을 전문가가 나와 고쳐본다는 명분이라지만 당사자인 아이에게는 치명적이다. 아이는 그런 괴물과 같은 자신의 행동에 고착화되어 영원히 헤어나오지를 못한다. 아이가 철이 없다는 것은 내가 무슨 짓을 하는지 모른다는 의미이다. 그런데 그것을 온 세상이 알게 하고, 아이는 영원히 그 모습을 보게 되는 것이다. 그래서 그런 프로그램에 나온 아이들 중 일부는 성인이 되어도 그런 자신에게 자괴감을 느끼면서 사회활동을 하지 못하기도 한단다.

그런 부작용을 누구보다 잘 안다는 전문가가 연예인처럼 등장하여 고액의 상담료를 받고, 부모는 내 자식임에도 그런 프로그램에서 차마 보기에도 끔찍한 가족의 모습을 그대로 노출시키면서 고쳐달라고 하는 이 사회 현상을 어떻게 바라보아야 하는지.

미국의 릭 워렌 목사는 『목적이 이끄는 삶』에서 전문가를 찾아다니는 현대인에게 다음과 같은 말을 한다.

"흔히 어떤 물건, 예를 들어 세탁기가 고장이 나면 당연히 세탁기를 만든 사람을 찾는다. 그런데 현대인은 세탁기가 고장이 나면 옆에 있는 성능 좋은 세탁기에게 고쳐달라는 것과 같다. 다시 말하면 인간을 만든 창조주 하나님을 찾아가야 하는데 전문가라는 인간을 찾아다니니 고쳐질 리 없다."

또한 칼 융은 "모든 정신 질환은 병든 영혼에 뿌리를 박고 있다"고 말한다. 정신이 잘못된 것은 바로 하나님과 소통하는 영혼의 문제라고 한다. 자식이 잘못되면 전문가를 찾아다니지 말고, 만드신 하나님께 가서 기도하고 해답을 찾아야 하는 것이리라. 이런 전문가가 없던 시절, 자식의 전문가는 바로 엄마였다. 엄마가 자식을 10달 동안 뱃속에서 품고 세상 밖으로 나오게 하지 않았나? 그래서 옛날 옛적에 우리 엄마는 내 뱃속에서 태어난 자식이라며 누구보다도 잘 안다고 큰소리를 쳤건만. 요즈음 엄마들, 평균 지식도 높다는데 왜 제 자식을 모르겠다고 철없는 자식을 괴물로 낙인을 찍으며 광대 춤을 추는지.

전문가라면 세상에서 심리나 정신 치료로 마음의 병을 치유할 수 없다는 한계를 분명히 아는 사람이다. 그래서 전문가가 아닌 일반인들은 할 수 있다고 달려들어도 전문가는 할 수 없다는 것을 말해주어야 하건만…. 더구나 '열 길 물속은 알아도 한 길 사람의 마음은 모른다'는 말이 왜 있을까? 더구나 융에 의하면 오히려 상담에 길들여진 현대인은 상담자가 원하는 대답만 쏙쏙 골라 말하기까지 해서 한 대 때려주고 싶다고 고백하기도 했다. 뛰는 놈 위에 나는 놈 있단다. 이미 전문가 수준을 넘는 내담자(상담을 받는 자)가 많은데 대한민국에서 인기를 누리며 온갖 방송에 출연해서 돈을 버는 정신의학자, 누구냐? 너는.

사람이 많이 알면 그만큼 신중해야 한다고 하건만.

48
칼 구스타프 융

칼 구스타프 융은 1875년 스위스에서 태어났다. 그는 20세기에 가장 명망이 있는 정신의학자다. 그러나 그는 인간의 정신을 지배하는 영혼을 분석한 학자로 유명하다. 그는 인간의 이성적인 판단을 주도하는 뇌의 기능인 정신에서 영혼을 분리했다. 흔히 영혼이라며 정신과 영을 혼합하여 설명하지만 그는 영을 정신의 상위 개념으로 인식했다. 그래서 그는 인간의 정신 질환은 병든 영혼에 뿌리를 박고 있다고 설명한다. 다시 말하면 정신 질환은 단순히 인간이 학습해 온 심리치료로 치유되기 어렵다는 말이다. 그래서 그는 말년에 모든 것을 정리하고 깊은 자연으로 돌아갔다. 남은 생은 자신을 찾는 것에 몰입한다며.

그래도 많은 사람들이 그에게 자서전을 쓸 것을 권유했다. 그러나 그는 거절하다가 결국 그의 사후에 출간하는 조건으로 자서전을 쓴다. 그의 자서전의 일부다.

"사람들이 나를 현명하다거나 지식인이라고 한다면 나는 절대 받아들일 수 없다. 어떤 사람이 강에서 모자로 물을 한 번 퍼냈다고 하자. 그것이 도대체 무슨 의미가 있는가? 나는 그 강물이 아니다. 나는 강에 있지만 아무

짓도 하지 않는다. 다만 다른 사람들도 강에 있지만 그들은 대개 무언가를 해야 한다고 생각한다. 나는 벚나무 줄기가 자라도 돌봐줄 사람이 나라고 생각해 본 적이 없다. 나는 거기서 자연이 해내는 것을 보고 감탄할 뿐이다.

어느 날 랍비에게 그의 제자가 와서 물었다. '옛날에는 하나님을 대면한 사람이 있었습니다. 그런데 오늘날을 왜 그렇지 못하죠?' 랍비가 대답했다. '오늘날에는 그럴 정도로 허리를 깊이 숙이는 사람이 없기 때문이다'

오늘날 누구보다도 많이 안다는 사람들과 나의 차이는 인간에게는 두 개의 인격이 존재한다는 것을 안다는 것이다. 그런데 이 두 세계는 두꺼운 칸막이가 쳐져 있다. 다른 사람은 그 벽이 너무 두꺼워 그 뒤를 보지 못하고 아무것도 없다고 생각한다. 나는 어느 정도 그 배후 과정을 인지해서 내적 확신을 가지고 있다. 아무것도 보지 못하면 아무런 확신도 갖지 못하고 아무런 결론도 낼 수 없거나 자신의 결론도 믿을 수 없다.

이처럼 겉으로 드러나는 세상과 드러나지 않는 배후의 무의식 세계에 대한 관계를 일찍부터 알게 된 것은 어디에서 왔는지 나도 정확히 알지는 못한다. 소년기부터 내게는 그런 세계관이 형성되었고 지금까지도 이어지고 있다. 그 사실을 알게 된 소년 시절부터 나는 외로움을 느꼈는데 지금도 그렇다. 왜냐하면 내가 어떤 것을 알고 있고 그것을 다른 사람들에게 알려주어야 하는데, 다른 사람들이 그것에 관해 알지 못하고, 더하여 전혀 알려 하지 않기 때문이다.

고독이란 주변에 사람이 없기 때문이 아니다. 내가 중요하게 여겨지는 것을 전할 수 없거나, 내가 가치 있다고 생각하는 것을 다른 사람들은 황당무계한 것으로 간주할 때 생기는 법이다. 결국 다른 사람보다 더 많이 알게 되면 고독해진다.

그러나 우리는 알 수 없는 것에 대한 예감을 가져야 한다. 인생이란 이러한 신성함으로 가득 차 있기 때문이다. 이러한 것을 경험하지 못한 사람은 중요한 것을 놓치고 사는 셈이다. 인간은 상상을 초월하는 비밀로 가득 찬 세상을 살고 있다는 것을 알아야 한다. 인생을 살다 보면 예기치 못한 일들과 일찍이 경험해보지 못한 일들이 세상에서 벌어지고 있기 때문이다. 그런 세상이라는 것을 인지할 때만 비로소 삶이 완성된다. 이런 세상이니 처음부터 나에게는 무한히 크고 파악하기 어려운 것이었다.

그러나 이와 같은 생각으로 세상을 살아온 내 인생에 만족한다. 내 인생은 풍성했으며 내게 많은 것을 가져다주었다. 그동안에 일어난 일들은 정말 기대 밖이었다. 그 이유는 내가 생긴 대로 그대로 있었기 때문이었다. 나 자신이 달라졌다면 이런 만족감이 없었을 것이다. 많은 일이 의도한 대로 이루어졌으나 항상 내게 이로운 일만 있었던 것은 아니었다. 그런데 다행히도 대부분 저절로 숙명적으로 전개되었다.

그럼에도 때론 내 고집으로 말미암아 일어났던 어리석은 일을 후회한다. 하지만 그런 어리석음이 없었다면 또한 내 목표에 이르지 못했을 것이다. 그러므로 나는 나 자신에게 실망하면서도 다른 한편으로는 실망하지 않는다. 나는 인간에게서 경이로운 것을 경험했고, 내가 기대했던 것보다 더 많은 일을 해냈다. 그러나 나는 최종 판단을 내릴 수 없다. 왜냐하면 인생이란 현상과 인간이라는 실체는 너무도 큰 차이가 있기 때문이다. 나이가 들수록 나는 그만큼 나 자신을 이해하지 못하게 되고, 알지 못하게 된다. 그 어떤 것에서도 확신할 만한 것은 어디에도 없다.

나는 나의 시대에 유명한 사람, 학계와 정계의 거물, 예술가, 문필가 그리고 재벌들이 찾아오지만 내가 관여할 수도 없고 해서도 안 된다. 노자가 '모든 사람이 명석한데 나만이 흐리멍덩하구나'라고 했듯이 바로 내가 노년에 느끼는 것이다."

평생 남의 심리만 연구했던 그가 하는 말, '모든 사람은 명석한데 나만 흐리멍덩하다'고 하건만. 또한 밖으로 드러나는 자아가 아닌 내 안의 자기를 찾아가는 여정이라고 했건만. 어쩌자고 전문가라는 타이틀을 달고 남의 심리를 분석해 주며 인기인이 되고 돈을 버는 전문가라니. 마치 보이는 현상에 취해 하늘 무서운 줄 모르는 듯하다.

49

어머니, 보소서 당신의 아들입니다

『패션 오브 크라이스트』는 2004년에 제작된 영화다. 영화배우 멜 깁슨이 연출한 작품으로 예수가 체포되고 십자가가 처형되는 12시간의 과정을 그린 작품이다. 이 영화는 당시 상황을 가장 사실적으로 표현했다는 평을 듣고 있다.

예수가 공생의 기간 동안 일으키는 기적의 사건과 가르침 그리고 병자를 치료하는 과정을 보면서 사람들은 그가 진정 하나님의 아들인가? 하는 의구심을 갖는다. 그러나 그는 마리아의 자궁에서 세상에 태어났다. 유대인은 결국 그를 하나님의 아들을 사칭한 사기꾼으로 몰아서 십자가에서 처형을 받게 한다. 당시 십자가 처형은 인간이 받는 처형 중에 최악의 악질에게 내려지는 처벌 방식이다. 십자가 처형을 받는 자는 결코 땅에 묻히지 못하고 죽은 시체를 새가 쪼아먹고 흔적이 없어질 때까지 매달아둔다.

당시 사람들은 십자가에 매달린 예수를 향해 소리친다.

'네가 하나님의 아들이거든 뛰어내려!'

딸에게

그러나 예수는 끝내 십자가에서 숨을 거둔다. 이후로 2천 년이 흐른 지금도 많은 사람들은 의심한다. 정말 예수가 하나님의 아들이야? 그가 정말로 성령으로 잉태하고 죽고 부활했을까? 더구나 오늘날과 같은 과학 시대에 사람들은 더 믿지 못한다. 말도 안 돼. 성령으로 잉태했다니.

『패션 오브 크라이스트』에서 보면 재판 과정에서 예수는 심하게 모욕을 당한다. 조롱과 질시를 넘어 옷을 벗기고 채찍으로 때리기까지 한다. 그런데 그 매질이 얼마나 심했으면 피가 바닥까지 낭자하다. 그때 엄마 마리아가 바닥에 엎드려 아들이 흘린 피를 닦는다. 마리아는 아들이 고통받는 장면을 처음부터 지켜보지만 결코 눈물을 흘리지는 않는다. 그리고 아들이 판결을 받고 처형장에 끌려가는 것을 묵묵히 따라간다. 이내 십자가에 달리는 아들을 바라본다. 영화에서 마이어 모건스턴이 마리아 역을 맡았는데 그녀의 표정 연기가 압권이었다. 결코 눈물을 흘리지 않으면서 모든 내면의 고통을 그대로 표현하는….

십자가에 달린 예수가 정오의 해를 받으며 죽어간다. 그 모습을 바라보는 수많은 사람은 그동안 죽은 자도 살린 예수이고 보니 어쩌면 또 다른 기적을 기대했는지도 모른다. 예수 자신도 자신이 하나님의 아들이라고 하지 않았나? 그러나 결국 인간이 겪는 고통 속에서 마지막 숨을 거두면서 마리아를 바라본다. 그리고 말한다.

'어머니. 보소서. 당신의 아들입니다.'

그리고 곁에 있던 제자에게 당부한다. 네 어머니처럼 잘 모셔달라고.

예수는 하나님의 아들로 세상에 왔다. 그는 신의 아들이지만 세상에서는 철저히 사람으로 살아야 했다. 자신이 가진 신적 요소를 자신에게 유리하게 사용해서는 안 되는 것이 미션이다. 악한 세상에서 철저하게 죄를 짓지 않고 인간으로 살다가 인간처럼 고통을 겪으며 인간처럼 죽어야 죄에 빠진 인간을 구원할 수 있다.

결국 예수는 생전에 자신을 공격하는 수많은 무리에게 자신이 가진 신적 요소를 발휘하지 않고 오로지 인간 예수로 인간을 구원하는 미션을 마쳤다. 그래서 자신을 희생하여 인간을 구원한 예수의 인간에 대한 사랑의 극대화. 더구나 죽음 앞에서 하나님의 아들인 예수는 세상에 남아있을 어머니에게 이처럼 인간적인 사랑을 보여준다.

심리학자 칼 융은 이것을 남성 속에 여성성인 아니무스가 있다고 하는 이유다. 남자이지만 여성이 가진 최고의 희생적인 사랑의 실천을 이룬 것이다.

예수 탄생이 되던 그 시기는 세상에 급격한 변화가 있었다. 바로 로마가 세계적인 패권을 잡는 팍스 로마나 시대였다. 로마는 급격한 팽창주의를 지향하며 세를 넓혀 갔다. 반면에 선민의식에 사로잡힌 유대인은 철저하게 멸망의 길로 들어섰다. 유대인의 마지막 국가인 남 유다는 A.D. 580년경에 바벨론에 의해 멸망한다.

이후로 유대인은 나라를 잃고 뿔뿔이 흩어진다. 그러나 어느 나라에 살던 자신의 민족정신을 철저히 가지고 사는 사람으로 디아스포라라는 명칭이 생겨났다. 비록 나라는 없지만 유대인의 하나님을 향한 철저한 믿음으로 살아가지만 A.D. 400년경에 마지막 선지자, 말라기를 끝으로 어디에서 하나님의 소리를 듣지 못했다. 비록 땅은 빼앗겼지만 그래도 하나님의 영적인 가르침에 의존하며 살아가던 유대인에게 실낱같은 희망도 사라져 버린 것이다. 그리고 로마의 지배를 받는 신민지국으로 전락했다.

이처럼 유대인은 400여 년간 하나님으로부터 어떠한 메세지도 받지 못하고 암흑시대를 살던 그때 정혼을 앞둔 16살의 어린 소녀 마리아에게 나타난 천사는 황당한 말을 전한다. '네가 아들을 낳고 그 이름을 예수라 하라.' 어린 마리아는 놀라 물었다. '저는 처녀인데 어떻게 아들을 임신한단 말인가요?' 천사가 대답했다. '성령께서 네게 임하시고, 하나님의 권능이 너를 감싸 주실 것이다. 그러므로 네게 태어날 아기는 거룩

한 분이며, 하나님의 아들이라 불릴 것이다.' 이 말에 마리아가 당차게 대답했다. '하나님의 뜻을 그대로 따르겠습니다.' 당시 유대법은 결혼을 약속하고 1년 정도의 약혼 기간을 갖는다. 그런데 결혼을 앞둔 신부가 임신했다는 것을 알면 돌로 쳐 죽여야 한다는 당시 유대법이 있다. 결국 마리아가 임신하면 그런 벌칙으로 목숨의 위협을 받는 것이다. 그러나 그런 소식을 알려주는 천사 앞에서 어린 마리아는 기꺼이 받아들이겠 다고 한다.

칼 융은 이것을 여성 내에 남성성, 아니무스의 발현이라고 한다. 연약 한 여자이지만 위기에 남자보다 더 강한 남성성을 발휘한다.

아니마(남성 내에 여성성), 아니무스(여성 내에 남성성)를 언급한 학 사는 칼 구스타프 융이다. 그는 수많은 논문을 쓰면서 인간의 심리를 과학적으로 분석했다. 그는 앞서 설명했듯이 인간의 내면에 존재하는 집단 무의식에는 수많은 원형이 존재한다고 한다. 원형이란 인간이 태 어날 때 가지고 나오는 원초적 행동 유형의 조건이라고 한다. 다시 말하 면 태초로부터 인류가 겪어온 사건에 대응한 경험의 아이콘이 내장되 어 있다고 한다. 그래서 인종이나 문화적 차이, 지리적 차이, 시대적 차 이 등 시공의 차이를 넘어서 인간이면 누구나 있는 가장 보편적인 행태 를 나타내는 기본적인 틀이 있다고 한다. 그래서 오늘날 인류에게 나타

나는 행동 유형은 모두 과거의 경험이 재생되는 것으로 바로 인간의 내면에 존재하는 원형 때문이라고 한다.

흔히 인간은 속 다르고 겉 다르다고 한다. 융에 의하면 인간은 겉으로 보이는 외적 인격이 있다면 내면에 존재하는 인격이 있다는 것이다. 외적인 인격을 페르조나 혹은 제1의 인격이라고 하고, 내적 인격을 제2의 인격이라고 한다. 제1의 인격은 인간이 세상을 살아가면서 대처하면서 보이는 행동 양상이지만 제2의 인격은 원초적으로 존재하는 것으로 인간이 태어날 때 품고 나온다고 한다. 그래서 세상을 살면서 발달해 나가는 외적 인격과 달리 내적 인격은 발달이 아니라 발견하는 것이라고 한다. 그것은 인류 역사의 집합체로 개인의 집단 무의식에 이미 존재하기 때문이다. 융은 이 안에 있는 내가 진짜 '나'라고 하며 인생은 내 안의 나를 찾아가는 여정이라고 한다. 그러나 세상을 살면서 형성된 외적으로 보여지는 자기와 내면의 자기와 충돌하면서 갈등을 겪는데 이것이 심해지면 정신 질환을 겪는다고 한다.

성경을 보면 인간이 위기에 등장하는 남자와 여자가 있다. 위기에서 세상을 구하는 남자와 그 남자를 지키는 여자다. 이스라엘 민족이 애굽에서 400년간 종살이를 할 때 애굽의 왕은 남자아이가 태어나면 모두 죽이라는 칙령을 발표했다. 이스라엘 민족의 인구가 폭발적으로 늘어나

는 것을 염려한 정책이었다. 그즈음 모세가 태어났는데 모세가 태어나
자, 모세를 받은 산파가 국법을 어기고 아들인 모세를 죽이는 대신 엄
마 품에서 키우도록 눈을 감았고, 엄마는 남의 눈에 띄지 않게 모세를
길렀다. 하지만 모세를 더 이상 숨기고 키울 수 없는 지경에 이르자 강
에 띄워 보낸다. 이때 모세의 누나가 모세를 싣고 떠내려가는 강보를 따
라간다. 이윽고 강에서 목욕하던 이집트 공주가 떠내려오는 모세를 건
져 자기 자식으로 삼는다. 이후로 모세는 400년간 이집트에서 종살이
를 하던 자기 민족, 이스라엘 민족을 끌고 나온다.

이 스토리를 보면 모세를 살리기 위해 강한 여성 4명이 등장한다. 모
두 죽을 각오로 모세를 지키는데 이것을 흔히 여성 내에 남성성(아니무
스)의 발현이라고 한다. 흔히 여성이 나이가 들면 남자처럼 자기 멋대로
거칠게 행동하는 것을 의미하는 것이 아니다. 앞서 마리아가 정혼 중에
임신을 하면 돌로 맞아 죽는 상황에 기꺼이 아들, 예수를 임신하는 것
처럼 의를 위해 자기희생을 감수하는 여성 내에 남성성. 바로 여성 내에
있는 아니무스의 발현이다. 세상에 위기가 왔을 때 하나님은 먼저 강한
아니무스를 실천할 수 있는 여자를 먼저 부르신다.

이렇게 위기에서 살아난 모세는 100만 명에 가까운 민족을 이집트에
서 끌고 나오지만, 수많은 역경과 수모를 딛고 오로지 사랑의 마음으로

이스라엘 민족을 약속에 땅 가나안으로 입성시킨다. 예수는 인간의 죄를 뒤집어쓰고 십자가에 죽는 사랑의 결집이다. 하나님은 모세를 가장 겸손한 사람이라고 칭찬을 하신다. 자신을 희생해서 모두를 구하는 남자의 사랑, 이것이 바로 남성 내에 있는 여성성이라고 한다.

인생이란 잘 나갈 때 더 잘나가는 것이 아니라 위기에 어떻게 대처하느냐에 생이 결정된다. 하나님은 하나님의 품 안에서 걱정 없이 살던 아담과 하와를 험난한 세상 밖으로 내보내면서 마음에 심어 논 아니마와 아니무스로 위기를 극복하라고 하셨건만.

칼 융은 신학계에서 주목받는 인물이다. 영혼을 분석한 심리학에는 인간의 마음에 심겨진 영혼은 바로 창조주 하나님으로부터 왔다는 것을 과학적으로 분석했다. 특히 그는 꿈을 통해 자기 안에 무안한 세계를 찾아내는 일에 전념했다. 그는 독실한 기독교 집안에서 태어났다. 할아버지도 아버지도 목사였다. 그는 어려서부터 아버지부터 기독교 교리를 배웠지만 그는 아버지가 하나님을 잘 모른다고 했다. 그는 수많은 꿈을 꾸며 꿈을 통한 예지력도 발달하여 2차대전을 예고하기도 했다. 그러나 그는 아내가 죽은 뒤에 그는 세상과 결별하고 문명을 거절한 자기만의 세계로 들어갔다. 그는 장작을 패고 물을 길어 밥을 해 먹으며 살았다. 그러면서 그처럼 단순한 삶에 만족하며, 그를 만나고 싶어하는 수

많은 사람의 요청을 거절하며….

아마 그는 이 시간동안 그가 평생에 매달린 하나님을 더 깊게 알려 하지 않았을까? 내면이 깊이 숨겨진 자기를 찾는 여정이 바로 하나님을 아는 것이 먼저라는 생각을 하지 않았을까?

융은 하나님을 가르켜 '위대한 위험' 이라고 규정했다. 섣불리 하나님에게 접근했다가는 어떤 위험한 상황이 벌어질지 모르기 때문이라며. 하지만 그런 위험을 무릎쓰고 하나님은 탐구할 가치가 있다고 한다. 융은 죽기 2년전인 1959년, BBC방송과 인터뷰를 했다. 그때 기자가 융에 하나님을 믿느냐고 물었다. 수백만명의 시청자가 융의 대답을 숨죽여 기다렸다. 융이 천천히 대답했다.

'나는 하나님을 압니다.'

어머니, 그 위대한 이름

펴낸날 2024년 11월 22일

지은이 신광옥
펴낸이 주계수 ｜ **편집책임** 이슬기 ｜ **꾸민이** 최송아

펴낸곳 밥북 ｜ **출판등록** 제 2014-000085 호
주소 서울특별시 마포구 양화로 156 LG팰리스빌딩 917호
전화 02-6925-0370 ｜ **팩스** 02-6925-0380
홈페이지 www.bobbook.co.kr ｜ **이메일** bobbook@hanmail.net

© 신광옥, 2024.
ISBN 979-11-7223-044-9(03190)